AF343510

# Antisémite

Pascal Boniface

# ANTISÉMITE

Max Milo
ESSAI-DOCUMENT

www.maxmilo.com
ISBN : 978-2-315-00824-7

À la mémoire de Stéphane Hessel
À André Schmer

# Préface

## Par Michel Wieviorka

Quand Pascal Boniface m'a demandé cette préface, j'ai pensé qu'il ne s'agissait pas d'une invite anodine. Introduire l'ouvrage d'une personne accusée d'antisémitisme, ce n'est pas rien !

Voici donc un chercheur, Pascal Boniface, dont les analyses politiques et géopolitiques seraient partiales et orientées – en la matière chose banale ! –, mais aussi animées par la haine des Juifs et de l'État d'Israël : le reproche est lourd. Voici le fondateur et directeur d'un institut de recherche, l'IRIS, dont l'existence est menacée et le fonctionnement affaibli sur la base des mêmes accusations : l'affaire est grave, puisqu'elle atteint non seulement une personne, mais en plus une institution vouée à la production et à la diffusion de connaissances.

Sur quoi s'appuie le soupçon tournant à la dénonciation ? Sauf à considérer que toute critique de la politique israélienne est nécessairement entachée d'antisémitisme, les accusations ne tiennent guère. On peut être en désaccord politique avec Pascal Boniface, bien sûr, et ne pas partager ses amitiés ou ses inimitiés : cela ne justifie en aucune façon les torrents de boue qui sont déversés sur lui depuis plus de quinze ans, avec un parti pris dont j'ai été témoin direct à plusieurs reprises.

Oui, le débat dérape constamment en France dès qu'il est question de l'islam, des musulmans et des juifs. Oui, une violence verbale, particulièrement menaçante, peut s'exercer en France sur quiconque s'autorise à critiquer la politique de l'État hébreu. Oui, des acteurs engagés, intellectuels, militants, responsables institutionnels juifs préfèrent la disqualification de l'adversaire politique au débat argumenté, l'invective et la mise en accusation à tout effort pour écouter ou lire honnêtement ceux qui ne pensent pas comme eux, et qui n'en sont pas pour autant d'horribles racistes.

Et quelle disqualification, quelle accusation ! Car enfin, personne ne peut ignorer que l'antisémitisme est un crime, et pas simplement affaire d'opinion. Et que quiconque le professe est par conséquent criminel. Nécessairement criminel. Le diagnostic laisse généralement l'accusé sans réplique, sans capacité de se défendre et de faire entendre sa voix, tant le crime est grave et choquant. Le plus souvent, les médias condamnent, et l'opinion suit, sans jugement serein et documenté : c'est bien ce qui est arrivé à Pascal Boniface.

Il se trouve que moi aussi, j'ai eu parfois à souffrir, certes à petite échelle, de comportements et de propos du type de ceux que décrit Pascal Boniface. Mais à ceci près qu'on peut difficilement soupçonner quelqu'un comme moi d'antisémitisme – encore qu'il arrive qu'un intellectuel juif soit traîné devant les tribunaux sous ce chef, Edgar Morin en sait quelque chose, et qu'un argument est parfois brandi, sans démonstration, pour expliquer le supposé antisémitisme de la part de Juifs : ils seraient mus par la haine de soi.

Il est douloureux d'être détesté et rejeté par des personnes et des groupes qui dénaturent vos écrits, confondent l'analyse sociologique et la prise de position idéologique, stigmatisent, exercent des pressions pour vous interdire d'expression, et se présentent comme les garants de valeurs qu'en fait ils détournent ou pervertissent. Ainsi, dans le passé, j'ai connu et apprécié le CRIF de Théo Klein ou d'Henri Hajdenberg, une organisation humaniste, ouverte à la vie intellectuelle, au débat d'idées, éprise de justice et de progrès social, j'ai aussi vu comment celui de Roger Cukierman pouvait se révéler le contraire, y compris avec moi, me salissant sans vergogne – il n'y a de ce point de vue rien qui me surprenne dans le récit de Boniface.

Il faut donc d'abord souhaiter que ce livre permette d'en finir une fois pour toutes avec des polémiques haineuses, des stigmatisations qui devraient céder la place à des échanges argumentés, sur le fond, auxquels, je peux aussi en témoigner, Pascal Boniface ne s'est jamais dérobé.

Mais il faut également lire cet ouvrage comme la mise en exergue de deux phénomènes complémentaires qui dérangent.

Dans notre pays, bien des intellectuels et des acteurs politiques sont prompts à dénoncer le communautarisme et à défendre des postures hyperrépublicaines pour n'accepter de voir que des individus dans l'espace public, sans être en aucune façon troublés par l'existence d'un communautarisme juif. Les Juifs de France sont devenus visibles et actifs comme tels dans l'espace public, culturellement, politiquement, contre l'antisémitisme, dans leur relation à Israël, à partir de la fin des années 1960. Mais cette mutation n'appelle guère réflexion et encore moins discussion aux yeux de certains de leurs intellectuels organiques, parmi les plus républicains, qui ne s'interdisent nullement par ailleurs de pourfendre les tendances d'autres groupes, réelles ou non, à fonctionner sur un mode communautaire. Ceux-là sont anticommunautaristes... sauf pour leur propre groupe !

Et, deuxième phénomène : ce communautarisme juif est vite indissociable d'un soutien inconditionnel à la politique du gouvernement d'Israël, quelle qu'elle soit. Les mêmes intellectuels et responsables politiques, pour être cohérents avec eux-mêmes, en deviennent alors vite incapables de distinguer entre la critique de l'action gouvernementale en Israël, et un antisionisme virulent, hostile à l'existence même de cet État, et assez largement antisémite. Ils semblent même ignorer qu'en Israël des positions parfois plus radicales encore que celles de Pascal Boniface, et au moins aussi critiques que les siennes à propos de la politique du gouvernement, font partie de la vie démocratique.

Depuis près d'un demi-siècle, le débat est vif, en France comme dans d'autres pays, à propos des différences culturelles puis religieuses. Certains ont plaidé pour leur reconnaissance dans l'espace public, au risque d'encourager le communautarisme ; d'autres ont préféré se référer à des principes républicains repoussant les différences dans la sphère privée, versant parfois dans l'intolérance. J'appartiens au petit nombre de ceux qui se demandent comment concilier l'universel et le particulier, l'idéal républicain et la reconnaissance des différences, plutôt que de les opposer. Il me semble que ceux qui sont les plus actifs dans la vindicte et la haine vis-à-vis de Pascal Boniface relèvent d'une tout autre catégorie : ils mettent en avant la République comme principe général et incarnent en même temps le particularisme juif dans la vie publique. Peut-être même leur violence verbale, leurs excès sont-ils l'expression d'une sorte de schizophrénie idéologique.

Pascal Boniface, au-delà des critiques que méritent ses propres analyses et prises de position, est celui qui vient d'une certaine façon souligner le caractère intenable de positionnements où se juxtaposent, sans conciliation autre que mythique, l'universalisme républicain et l'adhésion à un communautarisme incluant de plus, presque automatiquement, le soutien inconditionnel à un État étranger. Or le débat n'est pas possible pour ceux dont il met en péril l'intégrité intellectuelle et morale, il laisse chez eux la place à la violence, d'abord verbale, mais aussi lourde de menaces physiques – Boniface en sait quelque chose.

Ces questions sont importantes, et délicates. Pascal Boniface, dans l'ensemble, a évité de déraper lui aussi dans la radicalité des propos, il a toujours souhaité discuter, défendre ses positions, ses analyses, en argumentant. J'écris cette préface pour lui rendre justice, mais de là, aussi, pour plaider en faveur d'une société où le débat public soit moins haineux et injuste, où l'esprit critique puisse s'exercer. Où l'excès, l'invective, et la dénonciation elle-même plus ou moins complotiste, laissent la place à l'argumentation et au respect des personnes. Où l'on puisse traiter du communautarisme dans toutes ses expressions, et pas seulement dans celles que l'on souhaite servir, ou au contraire combattre. Et où l'on mène le combat nécessaire contre l'antisémitisme là où il sévit, sans le confondre avec une exigence de soutien inconditionnel à la politique israélienne.

# AVANT-PROPOS

Un intellectuel accusé d'antisémitisme sans avoir jamais prononcé ou écrit une phrase pouvant justifier cette lourde et infamante incrimination. Un centre de recherche dont les travaux font autorité sur le plan national, reconnu au niveau international, où travaillent plus de trente personnes, qui risque de disparaître parce que son directeur a critiqué le gouvernement.

Si un tel cas se présentait, nul doute qu'à Paris, les médias s'en indigneraient et en rendraient largement compte quand les pétitionnaires traditionnels se mobiliseraient pour signifier le plus bruyamment possible leur soutien. Il n'y eut pourtant aucune réaction.

Le gouvernent critiqué était celui d'un pays étranger. Pas n'importe lequel. Vous vous croyez chez Kafka ? Non. Bienvenue en France.

# C'EST FANTASTIQUE, NON ?

L'antisémite. C'est ainsi que je suis perçu par de nombreuses personnes, juives ou non. Cette qualification déshonorante m'horrifie car j'ai combattu toutes les formes de racisme - dont l'antisémitisme - ma vie entière. Je suis accusé de ce que je considère comme détestable au plus haut point. De plus, cela vient troubler les relations que je peux avoir avec nombre de mes compatriotes juifs qui me jugent sans me connaître. Elle constitue une barrière dans les relations potentiellement nombreuses et fructueuses que j'aurais pu nouer avec nombre d'entre eux en suscitant peur et/ou répulsion.

Au-delà des relations privées, être considéré comme antisémite est très certainement le motif d'exclusion des sphères publiques le plus puissant en France. On ne sort jamais indemne d'une telle dénonciation. Affublé de ce qualificatif, vous n'avez plus rien à envier au lieutenant

John McClane, contraint de se promener dans un quartier noir avec un panneau indiquant : « Je hais les nègres[1]. »

Du fait de ses conséquences extrêmement néfastes, une incrimination aussi lourde devrait être puissamment étayée avant de pouvoir être publiquement portée. Les droits de la défense devraient être respectés et la composition du tribunal réalisée avec le plus grand soin, afin d'être en mesure de certifier son impartialité. Les preuves devraient être solides, irréfutables et ne permettre aucune échappatoire. Ici, pourtant, rien de tout cela.

J'ai prononcé des centaines de conférences, effectué des milliers d'heures de cours, multiplié les interventions publiques et médiatiques, publié d'innombrables articles dans divers journaux et revues, été interviewé moult fois, participé à des débats – télévisuels, radiophoniques ou associatifs – à foison, écrit près de soixante livres et dirigé la rédaction d'un nombre élevé d'ouvrages collectifs. Je suis extrêmement actif sur les réseaux sociaux (Facebook et Twitter). Pas une ligne, pas un mot, pas une phrase ne peuvent pourtant permettre de corroborer l'accusation d'antisémitisme. Aucune plainte pour ce motif devant aucun tribunal, alors que la législation française est certainement la plus sévère au monde dans le combat contre l'antisémitisme et que les lanceurs d'alerte et « chiens de garde » sont légion et particulièrement réactifs. Accusation sans preuve et sans motif. Coupable sans crime et condamné sans appel.

1. Voir le film *Die hard 3 : une journée en enfer.*

Certaines personnes sont intimement convaincues de la pertinence d'une telle accusation quand d'autres savent évidemment son caractère mensonger mais estiment qu'il s'agit d'un excellent moyen de me salir. L'objectif est de me disqualifier, de m'écarter du débat public. Comment des milliers de mes compatriotes peuvent-ils être sincèrement convaincus de mon antisémitisme ou de ma haine envers eux ? Ou, pour reprendre une expression qui revient en boucle, de mon « obsession juive » ? Aucun de mes gestes, actes ou écrits, aucune de mes paroles ne peut offrir le moindre crédit à cette thèse. Si j'ai du mal à comprendre, il faut aussi admettre que je n'ai pas toujours été aidé par certains dont le métier est de réfléchir, expliquer et rendre intelligible ce qui paraît confus. Ils ne se sont pas précipités pour éclairer ma lanterne ou celle du public. Comme s'ils avaient peur de subir, par capillarité, le même opprobre. Comme si le mal qui m'affectait était contagieux au plus haut point.

Logiquement, le sujet aurait pu - aurait dû - piquer la curiosité des journalistes et des universitaires. On peut d'ailleurs penser que si des preuves sérieuses avaient étayé les accusations, elles auraient agité la sphère médiatique. Mais, à l'inverse, l'absence de preuve et la présomption d'innocence n'ont guère intéressé. C'est en soi une source profonde de troubles. Si j'ai reçu de multiples messages de soutien, aucune enquête approfondie n'a été lancée... Dans un pays démocratique, qui se veut à l'avant-garde de la promotion des droits de l'homme ou de la philosophie des Lumières, il convient de rappeler la phrase attribuée à Voltaire : « Je ne suis pas d'accord avec ce que vous dites, mais je me battrai jusqu'à la mort pour que vous ayez le droit de le dire. » Vouloir interdire à un intellectuel de parler et mettre à mort un institut de recherche parce que les thèses de son directeur indisposent, cela aurait dû conduire à de multiples protestations, des enquêtes journalistiques étoffées... Que nenni ! Seuls deux articles vinrent en réaction : l'un de Dominique Vidal dans Le Monde diplomatique[2] et l'autre d'un universitaire australien, Evan Jones (que je ne connais pas personnellement), dans la revue Counterpunch, à la suite de la publication de mon livre La France malade du conflit israélo-palestinien[3].

« Pascal Boniface est un spécialiste de ce que les Français appellent la géopolitique. Sa production a été prodigieuse, traversant une grande variété de sujets. Son dernier livre est intitulé La France malade du conflit israélo-palestinien. Pour ces efforts littéraires dans cette arène, il est passé du statut de commentateur respecté à celui de persona non grata dans les médias du courant dominant. À juste titre, obsédé par la promesse d'un universalisme officiellement ancré dans la République française, il s'oppose au sabotage de cet impératif par ceux qui défendent la politique indéfendable des gouvernements israéliens et qui détournent et faussent la politique en France à cette fin. Pour le mal qu'il se donne,

2. Dominique Vidal, « Au nom du combat contre l'antisémitisme », *Le Monde diplomatique*, décembre 2002.

3. Evan Jones, « The Israel lobby and French politics», *Counterpunch*, 9 juillet 2014 : https://www.counterpunch.org/2014/07/09/the-israel-lobby-and-french-politics/

Pascal Boniface est dénigré et marginalisé. Évidemment, il refuse de s'avouer vaincu. »

Alors, comment en est-on arrivé là ? Comment un universitaire français peut-il être accusé, en dehors de toute réalité, d'un des plus graves crimes intellectuels ? Cet ouvrage a pour objet d'y répondre.

# Vous savez qui je suis maintenant

Comme pour de nombreuses personnes en France, Mai 68 a eu une grande influence sur ma formation intellectuelle. Non pas que j'aie participé activement au mouvement, j'étais en classe de cinquième et donc trop jeune pour y prendre réellement part. J'avais une perception très vague de sa signification et de ses enjeux. Pour moi, cela correspondit à une longue période où je fus « privé » – pour mon plus grand bonheur – de collège. Des vacances qui tombaient en avance ! C'est donc par une voie annexe que j'en ai subi l'impact : mes parents étaient divorcés et je vivais avec ma mère et son second mari à Limay, près de Mantes-la-Jolie (78). Je voyais mon père un week-end sur deux à Goussainville (95). Durant la grève, les transports étant interrompus, je n'ai pas vu voir mon père pendant plusieurs semaines. Il n'avait pas le téléphone, ce qui était fréquent à l'époque. Mon beau-père, politiquement à droite, soutenait le gouvernement. Il tenait un discours très hostile à l'égard des grévistes et de la contestation étudiante et ouvrière. N'ayant d'autres échos que ces discussions, je passais mon temps à profiter de vacances aussi bienvenues qu'inespérées. Lorsque les transports furent rétablis, je pus à nouveau voir mon père. Doté d'une forte sensibilité de gauche, celui-ci avait activement participé à la grève. Je découvrais ainsi une version inverse des mêmes événements. À partir de ce moment, j'intégrais que, d'un même fait, pouvaient être tirées plusieurs interprétations. Toujours comparer, remettre en perspective, écouter les diverses opinions, est ainsi devenu mon mantra. J'avais douze ans et je n'ai pas varié de ligne depuis.

Les années de collège[4] n'ont pas été scolairement brillantes et, à force de passer de justesse, j'ai redoublé ma troisième. Cela fut loin d'être dramatique car, d'une part, j'avais un an d'avance et, d'autre part, je pus aborder la seconde avec davantage de maturité et un début de réflexion auxquels les échecs devraient toujours conduire. Deux enseignants ont largement contribué à renforcer ma confiance en moi : Claudine Laurent et Jean-Marie Jacqueau. Je profitais des élections législatives de 1973 pour organiser un débat devant les lycéens, réunissant les candidats de tous les partis. Ce débat fut contesté par la partie la plus virulente de l'extrême gauche, sur le thème « élections, pièges à cons ». En première, je créais le journal Le Censuré, en référence au Canard enchaîné, dont j'étais un fidèle lecteur

---

4. J'ai effectué la totalité de mon cursus secondaire au lycée Saint-Exupéry de Mantes-la-Jolie qui, à l'époque, allait de la sixième à la terminale.

depuis Mai 68. Celui-ci se montrait assez irrévérencieux et le proviseur, Yves de Saint-Do, faisait preuve, surtout pour l'époque, d'une remarquable tolérance dont je n'étais alors pas suffisamment conscient. Cette expérience permit non seulement de développer mon sens de l'écriture mais également de la gestion et de l'organisation. En terminale, je devins président du foyer socio-éducatif et j'organisai des concerts de Gilles Servat, Tri Yann ou Joan-Pau Verdier. Nous parvenions à trouver un équilibre financier malgré l'absence totale de subventions.

Je me montrais très actif politiquement. J'avais en effet adhéré au Parti socialiste unifié (PSU) en 1973 et étais un lecteur assidu de Politique hebdo, très marqué à gauche. Trois grands événements ont marqué ces années essentielles de formation :

- Au printemps 1973, tous les lycées s'étaient agités contre la loi Debré, du nom du ministre de la Défense qui voulait réformer les sursis accordés aux étudiants avant d'effectuer leur service militaire. La jeunesse, notamment du fait de l'existence du service militaire, où les brimades étaient plus nombreuses que l'intelligence des situations, était profondément antimilitariste. Je fus l'un des leaders de la grève lycéenne.
- La grève des ouvriers de Lip, dont le patron voulait fermer l'usine. Le Premier ministre de l'époque, Pierre Messmer, avait déclaré : « Lip, c'est fini. » Les ouvriers s'étaient alors saisis du stock disponible de montres qu'ils vendaient pour se payer, tout en rouvrant la production : « On fabrique, on vend, on se paye. » L'autogestion était en

marche, pensions-nous. Le militant du PSU que j'étais ne put qu'être enthousiaste, d'autant plus que le leader des Lip, Charles Piaget, en était membre. En septembre 1973, j'avais participé à la gigantesque et pluvieuse manifestation de Besançon, trafiquant un mot d'excuse de mes parents pour expliquer mon absence au lycée.

- Le 11 septembre – une date décidément dramatique – 1973, le général Augusto Pinochet opérait un coup d'État sanglant au Chili, mettant fin au gouvernement légal et légitime d'Union populaire de Salvador Allende, au moment où une Union de la gauche se mettait en place en France avec, pour elle aussi, un espoir de victoire électorale. La sanglante et violente répression de Pinochet nous révulsait et certains s'inquiétaient du fait que ce type de scénario puisse se reproduire en France en cas de victoire des partis soutenant le programme commun d'Union de la gauche. La mémoire du putsch d'Alger en 1961 était encore vive, et l'armée chilienne, présentée jusqu'ici comme légaliste, avait procédé à un sanglant coup d'État.

Au niveau international, la lutte contre l'apartheid en Afrique du Sud était un puissant facteur de mobilisation, ainsi que la guerre au Vietnam et les bombardements massifs de l'armée américaine sur la population civile.

Baccalauréat en poche, je me suis inscrit à la faculté de droit. J'aurais bien intégré Sciences Po, puisque la politique était ma passion, mais je pensais à l'époque que c'était une école pour enfants de riches qui n'avaient pas à se préoccuper de la recherche d'emploi. Va donc pour la fac de droit, garantie à l'époque de trouver un travail à l'issue des études. Mon militantisme lycéen m'avait permis de rencontrer une figure incontournable de Mantes-la-Jolie, Tiennot Grumbach, avocat de la cause ouvrière. Il me fascinait et je décidais de devenir avocat.

Je quittais le PSU en 1974 alors que la direction, derrière Michel Rocard que je retrouverai plus tard, avait écarté l'idée de présenter Charles Piaget à l'élection présidentielle pour soutenir François Mitterrand dès le premier tour.

Les perspectives ont évolué après mon entrée à l'université, aux côtés des assistants (enseignants qui, à l'époque, assuraient les travaux dirigés, plus proches des étudiants que ceux qui assuraient les cours magistraux), notamment de Philippe Abella et Christian Merlin. Je fus attiré par l'enseignement universitaire. Je devenais surveillant d'externat à temps partiel lors de ma deuxième année, puis à temps plein l'année suivante afin d'être financièrement indépendant. Ne pouvant désormais venir que deux jours par semaine à la faculté (les trois autres jours étant consacrés au service de surveillance), des amis me passaient les notes prises en cours. Le droit public m'intéressait alors plus que le droit privé. La troisième année, je fus introduit au droit international public par un brillant professeur, Alain Pellet. Si je ne pouvais assister aux cours, je suivais les travaux dirigés de sa matière, puis directement son enseignement en quatrième année et en DEA[5]. Cette matière me paraissant

5. Diplôme d'études approfondies, équivalent de l'actuel Master. À l'époque, la licence, qui se déroulait en trois ans, était suivie d'une maîtrise en quatrième année et d'un DEA en cinquième année.

extrêmement intéressante et plus proche de la politique que les autres. Alain Pellet me conseilla d'effectuer un troisième cycle de sciences politiques à l'institut d'études politiques (IEP) de Paris.

Malgré un nombre de places limitées – trente dont quinze pour des étudiants étrangers – je fus accepté, notamment grâce à l'ampleur de mes lectures et des connaissances issues de mes années de militantisme. Cette année fut aussi stimulante qu'inconfortable. Intellectuellement, je m'ouvrais à des horizons nouveaux qui me fascinaient. Socialement, je ne me sentais pas entièrement à ma place et le fait que, continuant à être « pion »[6], je ne pouvais pas suivre la totalité des cours ajoutait à mon malaise. Pour ne rien arranger, on m'avait accordé une charge de travaux dirigés en droit constitutionnel à Paris XIII, ce qui m'obligeait à m'organiser de façon assez drastique ne comptant pas, par ailleurs, mener une vie monacale.

Lors de mon DEA de droit public, Alain Pellet créa un enseignement sur le désarmement, puisqu'il participait, avec Jean-Pierre Cot, à la création d'un centre d'étude et de recherche sur le sujet à l'université Paris I. Je ne m'enthousiasmais pas vraiment pour la question du désarmement mais il m'associa à ce centre, m'ouvrant ainsi un nouveau champ d'intérêt. Ayant été nommé assistant à Paris XIII, il me suggéra fortement de faire une thèse sur le désarmement. Après cinq

---

6. Surnom plutôt péjoratif donné aux surveillants. J'avais été affecté au lycée Marcel Roby, à Saint-Germain-en-Laye. J'y étais en charge d'un service d'internat et d'externat, qui m'obligeait à n'y passer que deux jours et une nuit, je gagnais donc une journée pour les études.

ans de rédaction[7] je la soutins, hasard du calendrier, le 29 mai 1985, jour même de la tragédie du Heysel. En 1986, j'eus l'immense bonheur d'être nommé maître de conférences et donc titularisé au sein des universités.

Au début des années 1980, je commençais ainsi à avoir une petite spécialité sur les questions de défense et de désarmement. L'élection de François Mitterrand laissa un grand vide dans l'expertise du Parti socialiste (PS), dont j'étais devenu membre, les spécialistes reconnus de relations internationales étant happés par des cabinets ministériels et groupes parlementaires. L'actualité stratégique était dense. Avec la bataille diplomatique sur les euromissiles qui faisait rage, on me proposa de prendre un poste bénévole : chargé de mission pour les questions de défense et de désarmement au sein du secteur international du PS, dirigé par Jacques Huntzinger. Il réunissait des spécialistes des grandes aires régionales, et les réunions hebdomadaires, où étaient évoqués deux ou trois points d'actualité, étaient sources d'enrichissement intellectuel. Le PS français était alors minoritaire au sein des instances socialistes européennes. Sous Mitterrand, la France plaidait pour le déploiement des Pershing II américains et des missiles de croisière, puisque l'URSS ne voulait pas retirer ses SS20. François Mitterrand pensait qu'il fallait faire pression pour

7. Pascal Boniface, *Les sources du droit international de la maîtrise du désarmement,* thèse de doctorat d'État soutenue à l'université de Paris Nord Villetaneuse en 1985. Une version condensée et actualisée de cette thèse est parue sous le titre *Les sources du désarmement* en 1989 (Éditions Economica).

parvenir au désarmement[8] alors que la plupart des autres partis sociaux-démocrates, et notamment le SPD allemand, militaient contre l'installation des missiles américains. Il est vrai que Ronald Reagan, qui à l'époque parlait de l'éventualité d'une guerre nucléaire limitée en Europe, n'inspirait pas réellement confiance. Du côté soviétique, Léonid Brejnev comptait sur la division des Occidentaux pour ne pas céder.

Pour un président socialiste, plaider pour le déploiement d'armes nucléaires américaines en Europe pouvait paraître paradoxal. C'était en tout cas une position qui isola le PS français des autres partis socialistes européens. J'accompagnai J. Huntzinger dans des réunions qui, toutes les quatre à six semaines, réunissaient les PS européens sur ce thème brûlant. Lorsqu'il ne pouvait pas venir, je me retrouvais seul à représenter le PS, confronté à des personnalités telles qu'Egon Bahr ou Gro Harlem Brundtland. J'eus le sentiment d'être un nain face à des géants, devant, de surcroît, défendre des positions ultraminoritaires. Ce fut difficile mais extrêmement formateur. Cette fonction bénévole me prenait environ cinq à six jours par mois et me permettait de continuer à rédiger ma thèse ainsi que d'assurer ma charge à l'université. Bien que le temps consacré fût loin

8. Il plaidait pour « l'équilibre par le haut afin d'obtenir l'équilibre par le bas ». En clair, devant le refus de l'URSS de démanteler unilatéralement ses SS20, il était en faveur du déploiement des euromissiles américains afin de créer un équilibre permettant ensuite de parvenir à un désarmement mutuel. C'est ce qui arriva après l'arrivée de Gorbatchev au pouvoir.

d'être du temps perdu, je refusais des charges supplémentaires rémunérées tant que je n'avais pas fini la rédaction de ma thèse.

Quelques semaines après avoir terminé cette dernière, un cataclysme allait secouer la vie politique française : en conséquence de l'affaire Greenpeace[9], Charles Hernu, ministre de la Défense, fut contraint à la démission. Jean-François Dubos, grand manitou des questions de défense de la galaxie socialiste, qui fut pour moi un mentor, m'expliqua qu'il faudrait quelqu'un pour « encadrer » Charles Hernu. Je devins ainsi assistant, conseiller spécial, plume, chef de cabinet et directeur de cabinet, et en fait principal et seul collaborateur de Charles Hernu, à côté de sa fidèle secrétaire, Nicole Constant. L'ancien ministre se montrait assez vindicatif après sa « démission » et il fallait notamment s'assurer qu'il contienne toute déclaration intempestive et, surtout, que quelqu'un soit capable de l'alimenter en textes, discours et articles. Il était question que je l'accompagne jusqu'aux élections législatives de 1986 pour devenir ensuite son assistant parlementaire. Charles Hernu déclarait à qui voulait l'entendre qu'il n'excluait pas de se présenter à l'élection présidentielle de 1988 s'il faisait un bon score aux législatives. Alors qu'il n'était pas tout à fait

9. Le *Rainbow Warrior*, un navire estampillé Greenpeace, militant contre les essais nucléaires français avait sombré dans le port néo-zélandais d'Auckland, suite à une explosion. Il y eut un mort, et on s'aperçut rapidement que l'explosion n'était pas accidentelle. Deux agents de la DGSE (organisme rattaché au ministère de la Défense), qui avaient participé à l'opération, furent arrêtés en Nouvelle-Zélande. Ce fut un scandale international.

sans responsabilité dans l'affaire Greenpeace, il passait pour un martyr aux yeux de beaucoup de Français. C'était par ailleurs un homme particulièrement chaleureux, qui savait séduire l'électorat, tant et si bien qu'il réalisa un excellent score dans son département du Rhône[10], meilleur que celui de Raymond Barre, potentiel candidat de la droite à la prochaine élection présidentielle. Charles Hernu était par ailleurs passé du statut de ministre de la Défense, qui offre les meilleures facilités logistiques matérielles, à celui de martyr de la vie politique. Comme il ne disposait que de deux collaborateurs lorsqu'il était à Paris, j'eus parfois la délicate tâche de lui expliquer qu'il n'avait plus tout à fait les mêmes moyens qu'à l'hôtel de Brienne. Je n'y étais pour rien mais les porteurs de mauvaises nouvelles sont rarement populaires. Toujours est-il que, devenu député, il ne respecta pas son engagement de me prendre comme assistant parlementaire préférant recruter la sœur de sa nouvelle épouse. Je fus assez désemparé au début, mais cette mauvaise nouvelle se transforma finalement en opportunité. La place d'assistant parlementaire pour le groupe socialiste à l'Assemblée nationale se libérait. Pierre Joxe, son président, et François Roussely, directeur de cabinet de ce dernier, m'y embauchèrent. Ce fut une époque extraordinairement formatrice. Sous l'impulsion de ces deux hommes, le groupe socialiste était remarquablement organisé et effectuait un travail titanesque. Le réacteur de

10. Les élections avaient alors lieu à la proportionnelle intégrale par département.

la future campagne de François Mitterrand pour l'élection présidentielle de 1988 était en route. Je découvrais de l'intérieur le travail parlementaire.

En 1988, Pierre Joxe et Laurent Fabius voulurent savoir si je souhaitais m'impliquer plus directement dans la vie politique, c'est-à-dire briguer des fonctions électives. Ce fut extrêmement tentant, je le confesse. Mais je finis par décliner l'offre. J'avais vu de près le travail des parlementaires : il est très prenant, voire exténuant, et comporte d'innombrables contraintes. S'il est vrai que tous les élus ne donnent pas une image parfaite de la fonction, certains ayant sacrifié depuis longtemps leurs convictions à l'autel de leurs ambitions, il demeure des personnes extrêmement dévouées, au rythme de travail accablant. Beaucoup ne bénéficient que de quelques heures par semaine pour eux-mêmes et doivent multiplier les réunions du soir, les inaugurations le week-end et les sourires aux casse-pieds. Je renonçais ainsi à cette perspective pour conserver à la fois la maîtrise de mon agenda et ma liberté de parole, et aussi pour préserver ma vie de famille. Être expert, participer à des groupes de travail, jouer – à mon modeste niveau – sur l'influence plus que la puissance, suffisait largement à mon bonheur.

En 1985, je publiais sous l'égide de la Fondation pour les études de Défense nationale (FEDN) la première livraison de *L'Année stratégique*. Ce fut mon premier livre, moment important dans une carrière. Comme son nom l'indique, ce livre était appelé à être publié chaque année. Mais en 1986, au moment de ce qui aurait dû être la sortie de la deuxième édition, l'amiral Lacoste fut nommé directeur de la FEDN par le nouveau gouvernement. L'édition fut alors repoussée à l'année suivante pour « contraintes budgétaires ». C'était un pieux mensonge. Au vrai, je payais le fait d'avoir été proche de Charles Hernu qui avait mis l'amiral à la porte de la DGSE avant de « démissionner » à son tour de son poste de ministre. J'en étais extrêmement amer mais je demeurais pris par mes activités universitaires et au groupe socialiste.

En 1988, je rejoignais le cabinet de Jean-Pierre Chevènement, nommé ministre de la Défense, en tant qu'adjoint au conseiller diplomatique, Marc Perrin de Brichambaut. Ce fut de nouveau une expérience très formatrice mais, fin 1989, pensant avoir fait le tour de la fonction, j'eus envie de revenir de plain-pied à l'université. Je créais l'Institut de relations internationales et stratégiques (IRIS) avec pour objectif premier, non pas de développer un centre de recherche, mais de disposer d'une structure juridique permettant de reprendre la publication de L'Année stratégique. Ce qui fut fait grâce à une subvention de 20 000 francs (environ 3 000 euros) que m'avait accordée Pierre-Yves Duwoye, le chef de cabinet de J.-P. Chevènement. Je ne savais pas que j'étais embarqué dans une aventure qui allait marquer ma vie car l'IRIS s'est, au fur et à mesure, développé tant par hasard que par nécessité. Il est aujourd'hui reconnu internationalement, régulièrement bien classé, surtout au regard de ses modestes moyens[11].

Voilà pour mon parcours professionnel.

11. Voir par exemple : http://www.iris-france.org/communique-de-presse/liris-bon-classement-au-sein-du-global-go-to-think-tanks-2016/

Venons-en à ma rencontre personnelle avec la question de l'antisémitisme et du conflit au Proche-Orient. Aussi loin que remonte ma mémoire, mon premier contact avec ces questions se fit par le biais d'une chanson.

En 1963, Jean Ferrat composa *Nuit et brouillard,* qui rencontra immédiatement un succès auprès du grand public, toutes tendances confondues. Elle décrivait l'horreur des trains qui menaient à la mort dans les camps de concentration. À l'époque, entre la volonté d'oublier Vichy et le rôle que les Français avaient joué mais aussi celle d'ouvrir une nouvelle page dans les relations avec l'Allemagne, la déportation n'était pas tellement un sujet abordé. Pourtant, même pour le jeune enfant que j'étais, cette chanson était compréhensible et saisissante. Comme de nombreux Français de tous âges qui l'ont écoutée à l'époque, elle me bouleversa[12].

*Ils étaient vingt et cent, ils étaient des milliers*
*Nus et maigres, tremblants, dans ces wagons plombés*
*Qui déchiraient la nuit de leurs ongles battants*

12. En 2005, Meïr Waintrater, directeur de *l'Arche,* rédigea un article où il expliqua que cette chanson serait aujourd'hui condamnée pour négationnisme implicite. Jean Ferrat chantait en effet : « Ils s'appelaient Jean-Pierre, Natacha ou Samuel/Certains priaient Jésus, Jéhovah ou Vishnu/D'autres ne priaient pas, mais qu'importe le ciel/Ils voulaient simplement ne plus vivre à genoux [...]. » Il n'y avait qu'un prénom juif sur trois, ce qui ne correspondait pas, en proportion, au nombre de victimes juives des camps de concentration. Jean Ferrat, qui était juif lui-même et dont le père avait été déporté, fut particulièrement indigné de cette attaque, se demandant si ces propos ne relevaient pas simplement de la psychiatrie.

*Ils étaient des milliers, ils étaient vingt et cent*

Et souhaitant marquer sa volonté de transmission aux jeunes générations, Jean Ferrat poursuivait :

*Je twisterais les mots s'il fallait les twister*
*Pour qu'un jour les enfants sachent qui vous étiez*

En 1967, Salvatore Adamo – alors au sommet de sa gloire – chante *Inch'Allah,* qui conforte les sentiments pro-israéliens après la guerre des Six Jours.

*Dieu de l'enfer ou Dieu du ciel*
*Toi qui te trouves ou bon te semble*
*Sur cette terre d'Israël*
*Il y a des enfants qui tremblent*
*Inch'Allah Inch'Allah Inch'Allah Inch'Allah*
[...]
*Requiem pour six millions d'âmes*
*Qui n'ont pas leur mausolée de marbre*
*Et qui malgré le sable infâme*
*Ont fait pousser six millions d'arbres*
*Inch'Allah Inch'Allah Inch'Allah Inch'Allah* »

Ma passion pour Léo Ferré m'avait également fait découvrir, adolescent, *L'Affiche rouge.* Je m'informais donc sur les FTP-MOI (Francs-tireurs et partisans – Main-d'œuvre immigrée). Ces étrangers (et frères), juifs pour la plupart, avaient combattu dans la Résistance[13].

13. Je ne savais pas alors que j'aurais par la suite le plaisir de me lier personnellement à l'un d'entre eux, André Schmer – rencontré lors de la remise de la Légion d'honneur à notre ami commun, Jean-Claude Lefort –, qui me fit par la suite l'amitié et l'honneur de lui remettre la Légion d'honneur, lorsqu'elle lui fut enfin accordée.

Quand je suis entré au collège et lycée Saint-Exupéry de Mantes-la-Jolie, à dix ans, il n'y avait pas d'Arabes ou pratiquement pas. En effet, ces derniers n'allaient pas au lycée « classique » mais plutôt technique pour y apprendre des métiers manuels. Il y avait des Juifs mais aucun ne se signalait ou ne se revendiquait comme tel. S'ils l'assumaient, ils ne ressentaient pas le besoin de l'affirmer. En sixième et cinquième, mon meilleur ami était juif. Je sais que « tous les antisémites ont un ami juif » mais je n'ai découvert que bien plus tard et de façon incidente son appartenance identitaire.

Après Mai 68, ayant commencé à m'intéresser de près à l'actualité, j'avais été a posteriori séduit par le slogan « Nous sommes tous des Juifs allemands », en solidarité avec Daniel Cohn-Bendit. En quatrième, j'ai assisté au lycée à la projection de *Nuit et Brouillard* (1965), documentaire d'Alain Resnais sur les camps de concentration. Le poids des images, insoutenables, engendra un choc profond. La même année, j'ai été également très marqué par la lecture du journal d'Anne Frank et par le roman d'Arthur Koestler *La Tour d'Ezra*, qui présentait de façon extrêmement positive l'installation des pionniers juifs en Palestine, valeureux et sympathiques, faisant face à l'hostilité des Arabes, antipathiques et violents. Au début des années 1970, la parole se libérait sur la responsabilité du régime de Vichy, et les horreurs du nazisme étaient régulièrement évoquées. Un document-fiction télévisuel sur l'affaire Dreyfus avait mis en avant la noblesse du combat contre l'antisémitisme. Le documentaire *Le Chagrin et la Pitié* soulignait les horreurs de la Collaboration, enfouies dans les tréfonds de la mémoire collective.

Je fus donc très fortement sensibilisé à la cause de la lutte contre l'antisémitisme. Les horreurs abominables des camps de concentration, la chasse aux Juifs sous le régime de Vichy, l'injustice insupportable de l'affaire Dreyfus, autant que l'admiration devant les grands penseurs juifs qui avaient fait progresser le savoir et la compréhension, étaient autant d'éléments qui engendraient une sympathie naturelle à l'égard des Juifs.

En 1978, je voulus quitter la banlieue pour m'installer à Paris. Je trouvais alors à me loger rue des Écouffes, dans le Marais, à l'époque où le quartier était encore extrêmement populaire. L'enracinement identitaire très fort de ce quartier juif (qui néanmoins n'empêchait pas la différence affichée entre les Ashkénazes et les Séfarades arrivés au début des années 1960) n'était en rien incompatible avec l'ouverture aux goyim. Bien au contraire. Je fus chaleureusement accueilli dans ce quartier où je vécus heureux de 1978 à 1985. L'attentat de la rue des Rosiers (1982) créa cependant une coupure. Sous prétexte d'assurer la sécurité, des milices communautaires, souvent composées de jeunes radicaux, se mirent en place, sans aucune réaction de la puissance publique. S'arrogeant des droits de maintien de l'ordre, elles n'hésitaient pas à ouvrir les sacs, parfois sans ménagement, non seulement de ceux qui passaient par là mais également des résidents non juifs, convaincus d'être dans leur bon droit. C'est là que je commençais à entendre des arguments du type : « Vous ne pouvez pas comprendre », ou : « Vous n'êtes pas comme nous. » Bref, une distinction affirmée et revendiquée entre les voisins, selon qu'ils étaient juifs ou non. La guerre du Liban allait par la suite amplifier cette coupure.

Mon appréciation du conflit israélo-palestinien a évolué au cours des années de manière, me semble-t-il, plutôt représentative de l'évolution générale et globale de l'opinion publique française : d'un soutien fort à Israël à la prise de conscience du sort des Palestiniens. Il se trouve cependant que je m'en occupe professionnellement plus que la moyenne de mes concitoyens et que j'ai payé un prix particulier du fait de mes positions publiques sur le sujet.

J'entendis parler pour la première fois du conflit lors de la guerre des Six Jours. J'avais onze ans et j'étais en classe de sixième. Je suivais alors l'avis général des Français et des médias sur le sujet : un petit peuple courageux était attaqué par des Arabes, plus nombreux, violents, peu - ou pas - civilisés. Les survivants de la Shoah avaient réussi à faire fleurir le désert, ce dont les Arabes avaient été incapables auparavant. La plupart des médias français prenaient massivement parti pour Israël, les Arabes ayant (déjà) mauvaise presse. Ces derniers étaient même dépeints comme des agresseurs, au-delà de toute réalité. La victoire israélienne fut largement saluée, quasiment un motif de fierté par procuration. L'ampleur de la défaite arabe a été vue comme la manifestation d'une justice immanente. Le général de Gaulle, en décrétant un embargo partiel sur les armes à destination d'Israël, prenait ainsi une décision à l'encontre de son opinion publique. Peu après, lors de l'affaire des vedettes de Cherbourg – la nuit de Noël 1969 –, quand Israël avait pris possession des navires qui lui étaient initialement destinés mais qui se trouvaient bloqués du fait de l'embargo, la presse et l'opinion saluèrent cette prouesse qui, pourtant, ridiculisait la France. Lorsque le président Georges Pompidou fut pris à partie par la communauté juive de Chicago pour avoir vendu des armes à des pays arabes, là encore, la plupart des médias français se trouvaient en phase avec les manifestants américains.

Je fus bien évidemment atterré par l'attentat contre la délégation israélienne aux Jeux olympiques de Munich en 1972, ne comprenant pas que l'on s'en prenne à des sportifs désarmés.

La guerre de Kippour (unanimement nommée ainsi dans le monde occidental, mais qualifiée de « guerre du ramadan » dans les pays arabes) suscita moins de débats et d'attention, bien que je fusse plus en âge de suivre l'actualité. Il est vrai qu'elle s'était achevée sur une sorte de pat stratégique[14] et que, surtout, d'autres événements internationaux avaient retenu l'attention. Dans les années 1970, le conflit israélo-palestinien était noyé dans l'actualité stratégique. Par rapport à d'autres événements internationaux, il n'apparaissait pas au premier plan.

14. Aux échecs, quand un joueur – dont c'est le tour de jouer et bien que son roi ne se trouve pas en échec – est dans l'impossibilité de faire un coup valable et ne peut déplacer son roi sans qu'il soit mis en échec, on dit alors que le roi est pat, et ce, quel que soit l'avantage de pièces ou de position de part et d'autre. La partie est alors déclarée nulle.

J'avais, lors de la signature des accords de Camp David de 1978 et la paix égypto-israélienne, des sentiments mêlés. Si la signature d'un accord de paix ne pouvait être que bienvenue, je pressentais en même temps que l'Égypte avait joué cavalier seul en rompant une solidarité arabe (et je n'avais pas de goût à l'égard de ceux qui, pour obtenir un avantage personnel, rompent les liens de solidarité existants) et que les droits des Palestiniens étaient peu ou prou passés par pertes et profits. J'avais néanmoins un doute. Anouar el-Sadate, par cette initiative audacieuse, n'allait-il pas débloquer la situation ? N'était-il pas le visionnaire qui savait rompre avec les siens au nom de l'intérêt de tous ? Hélas, il n'en fut rien.

La guerre du Liban de 1982 créa un climat différent. Israël apparaissait clairement comme l'agresseur, s'en étant de surcroît pris à des populations civiles. Le côté « David contre Goliath » ne jouait plus. Si on ne peut imputer directement le massacre de Sabra et Chatila[15] à l'armée israélienne, elle en fut tout de même la complice silencieuse. Mais l'opprobre dont pâtissait l'État israélien était compensé par le respect dû au mouvement La Paix maintenant. Il était satisfaisant de voir la vigueur de la société civile israélienne, capable de mettre en cause ses propres dirigeants au nom de valeurs universelles. La première Intifada (1987-1993) fit subir une nouvelle dégradation à l'image d'Israël, qui n'était plus

15. Les combattants palestiniens s'étaient retirés des deux camps, laissant femmes, enfants et vieillards sans défense. Les milices chrétiennes en ont profité pour opérer un massacre que l'armée israélienne, à proximité, a laissé faire.

confronté à des autocrates bornés mais à des adolescents qui exprimaient leur rage d'être occupés et réprimés.

La signature des accords d'Oslo en 1993 fut un choc inattendu qui déboucha sur une période d'un optimisme rarement vu. C'est peu dire que cet accord me combla de joie. Je crus sincèrement qu'on ne pourrait plus faire tourner la roue de l'histoire à l'envers une fois l'accord de paix signé et après que Yitzhak Rabin, Shimon Peres et Yasser Arafat se furent serré la main. La paix réelle et définitive allait arriver. Certains restaient prudents, parlant de la dissymétrie des situations. Israël avait reconnu l'OLP et les Palestiniens l'État d'Israël. Le territoire palestinien était morcelé en trois zones. On crut que la mise en place d'un cercle vertueux allait au fur et à mesure balayer ces obstacles.

Enseignant à Paris XIII, j'étais également frappé par l'attitude des étudiants. Historiquement, Villetaneuse est la faculté de la diversité assurant la promotion sociale des habitants du 93. L'Union des étudiants juifs de France (UEJF) y était bien implantée et SOS Racisme y était né. Mais au fur et à mesure, l'attitude des étudiants par rapport au conflit israélo-palestinien avait changé. Au tout début des années 1980, lorsque je commençais ma carrière d'enseignant, la plupart des étudiants juifs mettaient en avant une solidarité sans faille avec Israël. Les étudiants arabes, quant à eux, penchaient pour les Palestiniens dans leur grande majorité. Les autres se répartissaient de façon égale entre les deux. Vingt ans plus tard, la plupart des étudiants, qui n'étaient ni juifs ni arabes, plaçaient le curseur principal des responsabilités du conflit sur Israël. Il y avait un sentiment d'injustice, d'un « deux poids, deux mesures », et d'un traitement anormal du conflit largement partagé.

Si je détaille ce parcours, ce n'est pas pour étaler ma vie, qui n'a rien d'extraordinaire. C'est d'ailleurs en cela que je la juge représentative de l'évolution de la perception de la plupart des Français du conflit israélo-palestinien. Je le fais en réalité pour montrer la cohérence de mon engagement en faveur de la justice, la liberté et le respect d'autrui. Je n'ai jamais accepté l'hypocrisie, le mensonge et les compromissions pour obtenir des avantages. Ce sont ces motifs qui m'ont amené à m'exprimer contre l'occupation de la Palestine et de son peuple par le gouvernement israélien. Je suis heureux d'être resté fidèle à mes engagements révoltés d'adolescent et que la maturité n'a pas entravé l'envie et la force de dénoncer l'injustice où qu'elle soit, fût-ce, parfois, au prix fort[16].

---

16. Je suis en cela particulièrement fier que l'équipe pédagogique du lycée Saint-Exupéry de Mantes-la-Jolie, sous la conduite de Nathalie Coste, ait fait appel à moi pour servir de « parrain » aux élèves préparant le concours d'entrée à Sciences Po grâce aux conventions d'éducation prioritaire.

# La lettre

En 2000, Alain Chenal, en charge du secteur Moyen-Orient/Méditerranée au secrétariat international du PS m'annonça la mise en place d'un petit groupe de travail afin de réfléchir à l'élaboration d'une nouvelle position du PS sur le conflit israélo-palestinien, au regard de l'ambiguïté des dernières années. Le PS ne voulait en réalité pas trop réfléchir et encore moins évoquer des questions qui fâchent[17]. L'échec du sommet de Camp David annonçant celui à venir du processus d'Oslo, le PS était profondément divisé et il était difficile d'organiser un débat sur ce sujet, sauf à susciter de vives réactions émotionnelles de la part des proches d'Israël. Les liens existant avec le parti travailliste israélien remontaient à la Section française de l'Internationale ouvrière (SFIO) mais aussi, plus largement, avec

17. Au secrétariat international, il y avait un responsable chargé tout particulièrement d'Israël. Ce pays était donc traité tout à fait à part.

l'establishment israélien. Le PS souhaitait justement rompre avec l'héritage de la SFIO, proximité ayant mené – sur fond de guerre d'Algérie – à la catastrophique intervention militaire franco-britannique, menée à Suez en 1956. La direction du PS pouvait sommairement être considérée comme plus pro-israélienne que la base. Elle était en effet composée de dirigeants appartenant à la communauté juive et solidaires de façon fusionnelle avec Israël (les Juifs universalistes étant minoritaires), de non-Juifs qui soutenaient fortement Israël au nom d'une solidarité occidentale ou de la défense du camp démocratique, et d'autres qui y étaient indifférents et souhaitaient seulement éviter tous problèmes. Ils avaient donc compris que la meilleure manière de ne pas en recevoir était de s'abstenir de toute critique (du gouvernement israélien) susceptible de provoquer plus de foudre que celle du camp d'en face. Les rares Arabes membres du PS évitaient généralement de s'exprimer sur ce sujet. Une expression trop forte de leur part les aurait relégués au rang d'antisémites et/ou de communautaristes. Je les ai souvent entendus dire : « Tu sais, vu que je suis arabe, je ne peux pas trop m'exprimer là-dessus. » Jamais un Juif n'a fait une remarque en ce sens.

La politique du président Mitterrand empêchait le PS de revenir au prisme « mollétiste » de la IVe République et pouvait ainsi être considérée comme beaucoup plus active en faveur d'un règlement que pour le maintien du statu quo, et donc opposée à l'occupation israélienne. Celui qui avait été vu comme très pro-israélien et philosémite, et dont l'élection avait fortement inquiété le monde arabe en 1981, a mené comme président une politique insensible aux pressions communautaires nationales et dirigée uniquement par la volonté du rayonnement de la France. Cela l'avait conduit en 1982 à être le premier président français à se rendre en Israël et à prononcer à la Knesset un discours évoquant le droit des Palestiniens à un État : « Ce droit [de vivre], c'est le vôtre. Il est celui des peuples qui vous entourent. Et je pense bien sûr en prononçant ces mots aux Palestiniens de Gaza et de Cisjordanie. » Il affirma avoir souhaité « [...] que les habitants arabes de Cisjordanie et de Gaza disposent d'une patrie ». Enfin, il déclara : « Le dialogue suppose que chaque partie puisse aller jusqu'au bout de ses droits, ce qui pour les Palestiniens comme pour les autres peut, le moment venu, signifier un État. »

De plus, François Mitterrand estimait qu'on ne pouvait désigner le représentant d'un peuple à sa place et que Yasser Arafat, considéré par les Israéliens et la plupart des Occidentaux comme un terroriste, bénéficiait manifestement du soutien, quasiment unanime, du peuple palestinien. C'était donc avec lui que les Israéliens devaient négocier la paix, s'ils la désiraient véritablement, et non pas avec des Palestiniens qu'ils auraient eux-mêmes désignés. Il soutint par ailleurs Arafat en 1982, lorsque celui-ci était encerclé par l'armée israélienne à Beyrouth et qu'à Tel-Aviv, certains fondaient le projet de l'éliminer physiquement. Il soutint Arafat une seconde fois lorsque le président syrien, Hafez al-Assad, voulut se débarrasser du leader palestinien.

En 1989, malgré les protestations des représentants de la communauté juive face à ce qu'ils considéraient comme l'accueil d'un terroriste, il accepta que Yasser Arafat vienne à Paris. Le PS, en retrait par rapport aux positions de François Mitterrand, n'était néanmoins pas en mesure de les contester. Si les plus solides partisans d'Israël grommelaient, ils ne pouvaient exprimer ouvertement leur opposition. François Mitterrand une fois parti de l'Élysée, ces derniers reprirent espoir de récupérer la main. Il est vrai que Lionel Jospin qui, après sa défaite à la présidentielle de 1995, avait pris la tête du PS était, bien que non juif, un avocat déterminé d'Israël, au point qu'il avait même dans les années 1980 réclamé le transfert de l'ambassade de France de Tel-Aviv à Jérusalem. Selon lui, Israël était un pays démocratique luttant contre les dictatures qui l'entouraient. Il avait, au sein de l'Internationale socialiste, fréquenté les dirigeants israéliens et éprouvait un sentiment de culpabilité face à l'antisémitisme et la Shoah. C'est paradoxalement son catastrophique déplacement à Bir Zeit en février 2000 qui va le faire évoluer[18]. Bien qu'il fût accueilli par des jets de pierres dans cette université palestinienne, il comprit que son entourage pro-israélien avait mal préparé le voyage et l'avait mal informé. Il prit conscience de ce que vivaient les Palestiniens sous occupation.

Je participais donc à ce groupe de travail en tant que généraliste des questions stratégiques et, en aucun cas, en

18. Des étudiants palestiniens reprochaient à Lionel Jospin d'avoir qualifié le Hezbollah libanais de « mouvement terroriste » alors qu'il était pour eux un mouvement de résistance à Israël. Ils l'ont alors caillassé, et Jospin dû être exfiltré par son service de sécurité. Le président Jacques Chirac (on était en période de cohabitation) en profita pour le rappeler à l'ordre.

tant que spécialiste du Proche-Orient. Mais c'est certainement parce que je m'affranchissais des contraintes, du cadre de réflexion et de compréhension auquel les spécialistes d'un sujet sont habitués, que j'apportais un regard quelque peu différent.

On sortait alors tout juste de la guerre du Kosovo mettant fin elle-même aux guerres balkaniques des années 1990. Malgré ma proximité avec le PS au pouvoir ainsi qu'avec le Premier ministre Jospin, Hubert Védrine, ministre des Affaires étrangères et Alain Richard, ministre de la Défense, j'étais mal à l'aise avec la position officielle de la France. Bombarder un pays en dehors de tout feu vert de l'ONU me paraissait non seulement contraire au droit international mais également à nos principes diplomatiques et à notre qualité de membre permanent du Conseil de sécurité. Au cours des guerres balkaniques, j'avais été quelque peu agacé par les postures morales de certains, résumant ce conflit à une position entre le bien et le mal, présentant les Serbes comme des néonazis et les autres protagonistes comme de blanches colombes. Si la responsabilité principale de Milosevic me paraissait engagée, je ne pensais pas pour autant qu'on pût en exonérer les autres dirigeants balkaniques. On apprit par la suite le rôle des agences de communication dans la fabrication de l'opinion sur ce conflit. Je trouvais également curieux que l'on puisse protester contre les nettoyages ethniques opérés par les Serbes sans en faire de même pour ceux qui avaient été effectués à leur détriment, notamment à l'égard de ceux vivant avant 1999 au Kosovo et en 1995 en Croatie. Quelques-uns des avocats les plus virulents de la cause kosovare se trouvaient être également des partisans déclarés d'Israël. Je trouvais intellectuellement contradictoire de demander que le droit des peuples à disposer d'eux-mêmes puisse s'appliquer dans le cas du Kosovo et non pour les Palestiniens. La guerre du Kosovo annonçait en fait la guerre d'Irak de 2003, à laquelle la France s'était cette fois-ci opposée avec flamboyance. Guerre illégale, menée au nom de principes universels hypocritement mis en avant et cachant mal des intérêts stratégiques : contrôle géopolitique du Proche-Orient en 2003, nécessité de prouver que, cinquante ans après sa création et dix ans après la chute du mur, l'OTAN de 1999 était encore utile. Pourquoi, alors qu'on ne remettait pas officiellement en cause la souveraineté de la Yougoslavie sur le Kosovo, l'a-t-on bombardée ? Pourquoi a-t-on demandé à la Yougoslavie, avant la guerre, d'accepter le déploiement de troupes de l'OTAN sur son territoire ? Et pourquoi, alors qu'on ne reconnaît pas la souveraineté d'Israël sur la Palestine, n'a-t-on non seulement évidemment jamais bombardé Israël, mais même simplement voté la moindre sanction à son égard ? Et, évidemment, on n'a jamais demandé le déploiement de troupes étrangères, ne serait-ce que sur les territoires occupés illégalement, pour protéger la population civile.

J'étais par ailleurs marqué par la contradiction de la vigueur de la lutte contre l'extrême droite en France et en Europe et le silence total face aux déclarations extrêmes que certains responsables israéliens prononçaient. Comme si le fait d'être israélien valait exonération de toute critique politique, même dans les cas les plus excessifs. Ariel Sharon était revenu au pouvoir en Israël et il était difficile de comprendre pourquoi le PS ne s'en démarquait pas[19]. Il est vrai que le Parti travailliste israélien était devenu le partenaire junior de la coalition gouvernementale. Et, à chaque fois que je demandais à haute et intelligible voix pourquoi les principes universels, dont le PS, la gauche en général et même la droite se réclamaient, ne s'appliquaient pas au conflit du Proche-Orient, les mêmes réponses embarrassées m'étaient faites, dans le genre « c'est plus compliqué », « c'est différent, il y a toute une histoire à prendre en considération ». Le passé mais aussi les équilibres internes au PS, la prise en compte du nombre de militants attachés de façon plus ou moins forte à Israël, le lien qui existe toujours dans les esprits entre critique d'Israël et antisémitisme, empêchaient de traiter le conflit israélo-palestinien comme tout autre conflit. Étaient également mises en avant des questions électorales, plus intuitives que fondées.

S'il n'existait pas un vote juif spécifique, il y avait néanmoins, tout au long des années 1970, une mobilisation plus forte des membres de la communauté juive française en faveur d'Israël. En 1981, il paraissait établi qu'un Juif français allait davantage voter pour Mitterrand que pour Giscard d'Estaing. La gauche était censée lutter davantage contre l'antisémitisme que la droite. Giscard était accusé de n'être pas suffisamment favorable à Israël et d'avoir été l'un des initiateurs, au sein de la Communauté économique

19. En 2002, j'ai pu entendre un des responsables du secteur Israël le présenter comme « un rempart contre Benyamin Netanyahou » !

européenne (CEE), de la déclaration de Venise en 1980 qui reconnaissait le droit des Palestiniens. Jamais évoqué publiquement, souvent en privé, le « vote juif » était bel et bien pris en compte par de nombreux responsables sur la base d'intuitions ou de prises de parole de personnalités souvent peu représentatives de la diversité de la communauté juive française.

La contradiction me paraît d'autant plus importante lorsqu'on se revendique de la gauche, pour deux raisons. La première raison est que la gauche a toujours soutenu le développement du droit pour pacifier les relations internationales, considérant qu'il valait en effet mieux que ces dernières soient régies par le droit international plutôt que par la force. Or, concernant la question israélo-palestinienne, c'est bien la force qui prévalait. Le droit international, qui condamne l'acquisition de territoires par la force militaire et interdit le recours à la guerre, a été bafoué depuis 1967 et une résolution du Conseil de sécurité, ayant donc force obligatoire, demandant la restitution des territoires occupés n'a jamais reçu le moindre début d'application. Les différentes résolutions des Nations unies se sont empilées en toute inutilité et les conventions de Genève qui régissent le sort des populations faisant face à une occupation militaire sont bafouées au jour le jour. La deuxième raison est qu'il me paraît extrêmement difficile de se dire de gauche tout en acceptant le principe de l'occupation d'un peuple par un autre, avec toutes les conséquences en termes de répression que cela implique... Une occupation militaire suscite la répression comme la nuée porte l'orage.

Il était anormal que le PS restât muet devant les agissements d'Ariel Sharon. C'était notamment oublier la responsabilité morale de ce dernier dans la diabolisation de Yitzhak Rabin, qui a conduit à son assassinat. Ce n'est pas tout à fait par hasard si sa veuve, Léa, a par la suite toujours refusé de serrer la main de Sharon et de Netanyahou[20]. Sharon s'était toujours opposé au processus d'Oslo et avait annoncé haut et fort qu'il entendait le démanteler. Il n'y avait donc aucune raison objective pour le PS de ne pas le condamner.

Sans le dire publiquement, de nombreux responsables socialistes prônaient donc l'immobilisme, de peur à la fois de réveiller les démons de l'antisémitisme et d'en subir les retombées électorales négatives. Y penser toujours, n'en parler jamais, semblait être la réflexion centrale de nombreux dirigeants par rapport au conflit israélo-palestinien et ses conséquences sur le vote des juifs français. Par ailleurs, les élections municipales approchaient et le « vote juif » était considéré comme « capital » pour la conquête de Paris, enjeu essentiel à venir pour le PS. Car l'argument employé par beaucoup était justement électoraliste : ne pas effrayer le « vote juif », ne pas effaroucher « la communauté ».

Sur la base de ces réflexions, je fis donc une note à l'attention d'Henri Nallet[21], secrétaire international du PS, et de François Hollande, qui en était le premier secrétaire.

---

20. Il est assez symptomatique que le jardin de Bercy, dédié à Yitzhak Rabin, fasse mention de son assassinat mais ne précise pas son auteur, comme s'il s'agissait d'un crime sans criminel.
21. Voir l'annexe 1.

Jamais, je n'aurais imaginé l'impact que celle-ci aurait sur ma vie personnelle et professionnelle. La note commença à circuler. Les plus farouches partisans d'Israël au sein du PS la diffusaient intensément afin d'en dénoncer le danger. Ils s'en inquiétaient, craignant un changement de ligne du PS sur le sujet.

# La damnation

Dès le début du mois de mai 2001, je commençais à recevoir des mails provenant d'Israël contre-argumentant ma note qui y avait fuité, parfois de façon courtoise, mais également de façon plus vive, voire injurieuse. En juillet, je décidais d'en faire un article, que j'ai envoyé au *Monde*. Je n'avais, à l'époque, aucun problème pour publier dans les colonnes de ce quotidien[22]. Cela n'allait plus être vrai par la suite. L'article fut publié le 4 août et je trouvai dommage que ce soit au cœur de l'été où l'attention est moindre. Combien m'étais-je trompé ! Un de mes anciens étudiants, Alexandre Tuaillon, dont j'avais remarqué le

22. Cela ne sera plus le cas par la suite. Nicolas Weill longtemps responsable des pages « Idées » au *Monde*, dans un livre publié en 2003 aux éditions Robert Laffont, *Une histoire personnelle de l'antisémitisme*, a pu rédiger un chapitre intitulé « De Roger Garaudy à Pascal Boniface », sans que cela choque grand monde. Il s'est employé par la suite, avec succès, à me bloquer l'accès au quotidien d'information.

talent à l'IEP de Lille où j'enseignais à l'époque, avait tout juste pris ses fonctions à l'IRIS, en tant que responsable de la communication. Avant de partir moi-même en vacances, je lui annonçais que la période était calme et qu'il allait avoir une entrée en matière douce. Là aussi, quelle énorme erreur d'appréciation !

Le 8 août, *Le Monde* publiait, cette fois-ci en première page, un article de l'ambassadeur d'Israël en France, Élie Barnavi. Ce dernier s'en prenait violemment à moi, mettant en cause mon article et ma note interne du PS. Par sa simple existence, cet article aurait dû interpeller. Un ambassadeur d'un pays étranger en France autre qu'Israël aurait-il pu, à la une de ce qui était alors le quotidien « de référence » de l'intelligentsia française, publier un article aussi virulent contre un intellectuel français ayant critiqué son gouvernement, en l'accusant notamment de racisme ? N'aurait-il pas plutôt suscité l'unanimité contre sa tentative d'ingérence étrangère dans le débat français et d'entrave à la liberté d'expression ? *Le Monde* ne l'aurait dans tous les cas pas publié en une. Il écrivait que derrière ma présentation tendancieuse des faits se cachait la volonté de « délégitimer l'État d'Israël » et que j'avais produit « un franc et haineux libellé anti-israélien à la limite de l'antisémitisme »[23]. Délégitimer l'État d'Israël allait devenir l'argument récurrent opposé à tous ceux qui critiquent son gouvernement. Dire de quelqu'un qu'il est

23. Malmenant quelque peu la réalité historique, il affirmait que la guerre des Six Jours avait été provoquée par l'agressivité de l'Égypte, alors qu'Israël en était bien à l'initiative, jouant sur l'effet de surprise.

« à la limite de l'antisémitisme » est une façon de lui jeter l'opprobre tout en évitant d'être attaqué en diffamation. C'est habile à défaut d'être correct. Le fait que l'attaque vienne d'Élie Barnavi en renforçait singulièrement le poids. Avant d'être nommé ambassadeur d'Israël en France par le gouvernement travailliste d'Ehud Barak, il fut une figure morale et intellectuelle de la gauche israélienne. Historien à l'œuvre imposante et reconnue, partisan de la paix avec les Palestiniens, il savait charmer les auditoires. J'étais donc attaqué non pas par quelqu'un appartenant à la droite dure mais par un intellectuel de gauche. Depuis sa nomination comme ambassadeur qui, au vu de son profil, lui offrait une place centrale dans la vie parisienne, le gouvernement israélien avait changé. Ariel Sharon, qui s'était toujours opposé à la paix avec les Palestiniens, en avait pris la tête. Commettant une erreur historique pour conserver quelques postes et avantages matériels, les travaillistes avaient accepté d'y participer de façon minoritaire, ce qui allait être le signal de leur déclin politique jusqu'à l'état désastreux auquel ce parti fondateur de l'État d'Israël est désormais réduit. Élie Barnavi a certainement agi sur instruction de Tel-Aviv n'ayant pas d'autres choix s'il voulait conserver son poste que se livrer à cette bassesse à mon égard. Israël était mis sous le feu de la critique, la France était un pays important et la place d'ambassadeur y était fort enviable. Bien plus tard, Barnavi, n'étant plus ambassadeur, est revenu à d'autres sentiments et a tenu à l'égard du gouvernement israélien des propos d'une violence bien plus grande que celle contenue tant dans ma note que dans mon article, lui reprochant plus que vertement à de nombreuses reprises de s'opposer à la paix.

Mais, à ce moment, il était ambassadeur d'Ariel Sharon, alors Premier ministre. Son article était si violent que Claude, l'ami chez lequel j'étais en vacances à Aix-en-Provence, me demanda ce que j'avais bien pu écrire pour déclencher une telle foudre. Il s'inquiétait de savoir si ma plume avait pu déraper. Je dus lui montrer mon article initial pour qu'il admette que la violence de l'attaque de Barnavi n'était pas justifiée.

J'avais eu le malheur d'emmener mon ordinateur portable. Je fus immédiatement assailli de messages de protestations, récriminations, insultes et même menaces – la chasse était ouverte ! Je m'efforçais d'y répondre lorsque le ton n'était pas trop violent. Il m'était douloureux d'être accusé d'antisémitisme et j'essayais, quelquefois avec succès mais souvent vainement, de convaincre mes interlocuteurs du caractère infondé de cette accusation. Le standard de l'IRIS était pris d'assaut, la plupart du temps par des gens qui n'avaient que des insultes à la bouche et exerçaient une punition collective sur le malheureux collaborateur Alexandre Tuaillon, qui n'était pourtant pas censé être responsable de mes actes. La colère semblait empêcher toute réflexion. Par mail ou par lettre, les messages arrivaient par centaines : des critiques virulentes, des insultes et même des menaces de mort.

J'essayais tant bien que mal de tenir à l'écart ma famille, dont le soutien et le réconfort m'étaient précieux mais qui n'avait pas à subir ces tourments. C'était très difficile au regard du caractère public de la polémique. Je ne la tenais pas au courant des messages les plus haineux afin de ne pas ajouter à son inquiétude. Ce ne fut hélas pas toujours possible lorsque les menaces de mort furent déposées directement dans ma boîte aux lettres.

Je reçus également beaucoup de messages de félicitations, d'encouragements, de soutien pour avoir dit des choses que beaucoup pensaient mais que peu exprimaient publiquement et qu'on n'avait pratiquement jamais l'occasion de lire.

Des messages spécifiques étaient adressés aux membres juifs du conseil d'administration de l'IRIS montrant la vision ultracommunautaire de ceux qui les envoyaient. Il leur était demandé de se déterminer en tant que Juifs.

Le 6 août 2001, Clément Weill-Raynal, alors président de l'association des journalistes juifs de France - dont les membres se comptaient sur les doigts d'une main - écrivait à Serge Weinberg, président du conseil d'administration de l'IRIS, une lettre cosignée par l'avocat Gilles-William Goldnadel où on pouvait lire : « [La note] a suscité un vif émoi au sein de la communauté juive qui se trouvait ainsi collectivement mise en cause et se voit dénier le droit légitime de soutenir Israël dans le cadre du débat démocratique. » J'étais accusé de « [...] rendre responsable par avance la communauté juive d'une nouvelle vague d'antisémitisme qui pourrait la frapper si, d'aventure, elle ne consentait pas à faire collectivement repentance. » Il ajoutait : « En se rangeant à ses arguments péremptoires, de tels dérapages, une telle outrance dans le ton, ne peuvent être que préjudiciables à la réputation de l'IRIS au sein du conseil d'administration où vous siégez. Nous savons également que nous avons toujours pu vous compter parmi les amis d'Israël en France. C'est pour ces raisons que nous tenions à vous faire part de notre émotion tant nous espérons qu'elle trouvera un écho au sein des instances dirigeantes de l'IRIS. »

Si des associations propalestiniennes avaient écrit à la direction de France 3 où le journaliste Weill-Raynal travaillait (très modérément cela dit, en raison de ses activités communautaires et notamment de contributeur au magazine *Actualité juive* dans lequel il signait des articles sous pseudonyme) pour se plaindre de son activité militante et de ses nombreux dérapages, nul doute que cela aurait créé un tollé contre cette atteinte intolérable à la liberté d'expression.

Clément Weill-Raynal s'adresse à Serge Weinberg en tant que membre de la communauté juive. De plus, il écrit directement à mon supérieur hiérarchique sans établir de contact préalable et direct avec moi. Il trouve enfin normal de soutenir Israël dans le cadre du débat démocratique, mais inadmissible qu'on puisse le critiquer.

Je fis par la suite connaissance de son frère jumeau, Guillaume. Ce dernier allait publier en 2004 aux éditions Armand Colin un livre formidable et courageux, Une haine imaginaire ? Contre-enquête sur le nouvel antisémitisme, où il taillait en pièces, démonstration à l'appui, la thèse selon laquelle l'antisémitisme se serait accru de façon exponentielle après 2000. La presse a boycotté ce livre qui remettait en cause des idées reçues largement partagées et, surtout, qui dénonçait cette thèse de la progression de l'antisémitisme, thèse que la presse avait répandu elle-même et qui était très en cours dans les médias. Pourtant il y aurait eu un sujet fascinant : des frères jumeaux aux antipodes, l'un ultracommunautariste, c'est-à-dire soutenant systématiquement Israël, quels que soient sa politique et son comportement, par solidarité communautaire et l'autre, farouchement universaliste, c'est-àdire jugeant les acteurs en fonction de principes universels et non selon leurs identités communautaires. C'eût été une bonne manière de combattre l'antisémitisme et de montrer la diversité de l'appréciation des Juifs sur le conflit israélo-palestinien, laquelle pouvait même aller jusqu'à opposer des jumeaux ! Mais non. La plupart des médias préférèrent ne pas entrer en confrontation avec la thèse des institutions juives officielles.

Par la suite, Clément Weill-Raynal s'en est pris régulièrement à moi me présentant à chaque fois comme « le très anti-israélien Boniface ». Je lui fis remarquer que ma position était la même que celle de nombreux Israéliens, partisans d'un accord avec les Palestiniens, et que le même débat avait cours au sein de la société israélienne. Voulait-il signifier qu'être pour la solution à deux États était une position anti-israélienne ? Il confondait anti-Likoud et anti-israélien...

Il s'illustra de nouveau en 2008. J'avais accompagné un groupe de Terre entière, tour-opérateur proche des milieux chrétiens, lors d'un séjour au Liban. C'était la première fois qu'un voyage organisé emmenait des Français au Liban depuis la guerre de 2006. Nous avons vu toutes les composantes de la vie politique libanaise représentées au Parlement avant d'entamer un voyage au sein de ce pays merveilleux. Parmi nos diverses rencontres, il y eut celle avec des membres du Hezbollah. Clément Weill-Raynal fit passer un écho dans *Actualité juive* expliquant que je m'étais rendu spécialement au Liban pour rencontrer le Hezbollah en faisant silence sur les nombreux autres contacts. Là encore, une formidable manipulation des faits : de façon particulièrement fielleuse, il déclarait posséder des photos de la rencontre, comme s'il était en mesure de révéler un fait que j'aurais soigneusement dissimulé. Les lecteurs d'*Actualité juive* ne pouvaient savoir que toutes les photos du séjour et des rencontres avaient été publiées sur le site de Terre entière où il les avait trouvées. Que je me fusse lié d'amitié avec son frère Guillaume avait accru son hostilité à mon égard.

*Le Monde* du 13 août 2001 publiait un article de l'avocat Pierre-François Veil me reprochant « d'avoir menacé de mettre au ban de la collectivité nationale, pour délit collectif d'opinion, la communauté juive française ». Six jours plus tard, Roland Bechmann, dans un autre article, reprochait à Élie Barnavi d'avoir passé sous silence le problème des implantations juives au sein des territoires occupés : « Les Juifs, ou classés comme tels, qui ont connu en France l'Occupation et qui, comme moi, sont entrés dans la Résistance ne peuvent pas approuver une telle politique menant à une catastrophe inévitable. Et je ne pense pas que, dans leur majorité, interrogés individuellement, les membres de l'hétérogène communauté juive de France le prouvent. Ce n'est pas seulement parce que cela nourrit l'antisémitisme, dont ils peuvent avoir à souffrir mais simplement parce que cela va à l'encontre des valeurs de tolérance, de respect des droits de l'homme, de démocratie, d'ouverture qui ont fait depuis longtemps de la France un pôle d'attraction pour beaucoup d'originaires des pays étrangers. »

Ces deux contributions illustrent bien le type de message que je recevais, diamétralement opposés, des soutiens forts et d'accusations vigoureuses, de Juifs ou de non-Juifs. Ils montraient aussi que ce débat - le combat - n'oppose pas les Juifs aux non-Juifs mais les universalistes aux Juifs communautaristes.

Je m'étais fixé comme ligne de conduite de répondre systématiquement, lorsqu'il n'y avait pas insulte ou menace, et de maintenir le dialogue. C'est ainsi que j'eus l'occasion de participer à un débat, organisé par Sylvain Attal sur les ondes de RMC info, avec Élie Barnavi. Alors enseignant à l'IEP de Lille, j'ai profité de cette rencontre pour inviter l'ambassadeur à donner une conférence devant les étudiants, ce qu'il accepta à ma grande satisfaction. Dans un amphithéâtre plein comme un œuf, il fit une conférence qui resta dans la mémoire de ceux qui y ont assisté[24].

24. Peu après, j'organisais une conférence de même nature avec Leïla Shahid, représentante de la Palestine à Paris. Celle-ci fit également forte impression, à tel point que les étudiants de l'IEP ont voulu baptiser leur promotion de son nom. La direction de l'IEP s'y est opposée, de peur des problèmes que cela aurait pu susciter.

Seul un spectateur assis au premier rang ne semblait pas partager la satisfaction de l'auditoire. Au pot amical qui a suivi, je l'ai abordé. C'était le représentant régional du Conseil représentatif des institutions juives de France (CRIF) qui déclara, toute colère mal rentrée, qu'il était venu à la conférence parce qu'il ne pouvait pas faire autrement – puisqu'il y avait l'ambassadeur d'Israël – mais qu'il était choqué que je puisse l'animer après mon article du mois d'août. Une fois de plus, je tentais de m'expliquer sur l'accusation d'antisémitisme et lui indiquais ma disponibilité pour tout débat ou discussion. Cela le fit carrément sortir de ses gonds et il se lança dans un long monologue aussi confus qu'agressif sous le regard d'Élie Barnavi, abasourdi et gêné par tant de stupidité.

Très rapidement, se sont signalés des soutiens que j'ai rapidement écartés. Les gens qui viennent vous voir ou envoient des messages vous assurant de leur appui sont toujours réconfortants, sauf lorsque vous comprenez leurs réelles intentions. Certains vous expliquent que vous avez raison, que les juifs contrôlent tout, qu'ils sont de tout cœur avec vous dans la lutte contre leur influence... Bref, de vrais antisémites m'entouraient de leur sollicitude. Je leur faisais immédiatement comprendre que je ne partageais pas leurs vues et que je refusais tout amalgame.

Car, en fait, si j'étais assailli, j'étais également entouré par des soutiens réels et honorables. Invité à l'université d'été du PS, fin août 2001, *Le Monde* venait de publier ma réponse à Élie Barnavi. Dans le train qui menait à La Rochelle, je passais pour un pestiféré pour les uns (y compris des gens qui me connaissaient bien mais ne voulaient pas prendre le risque d'être vus à mes côtés) et je recevais des encouragements et des signes chaleureux de camarades que je ne connaissais pas.

À mon arrivée dans l'espace Encan à La Rochelle où se tenait l'université d'été, Jean-Michel Rosenfeld, très proche de Pierre Mauroy, me prit ostensiblement dans ses bras, montrant ainsi qu'il ne faisait pas partie de la meute. Je devais participer à une table ronde. J'ai appris que quelques excités étaient prêts à venir, non seulement mettre le désordre dans la salle mais également me bousculer assez fortement. Certains de leurs amis leur ont expliqué que ce n'était pas une excellente idée pour leurs propres intérêts. Averties de ce qui se tramait, d'autres personnes étaient venues, prêtes à me défendre si cela se passait mal. Finalement, il n'y eut aucun incident. Lors du dîner, un groupe de jeunes socialistes vint me voir pour me dire qu'ils étaient de tout cœur avec moi et que cela leur faisait plaisir que l'on puisse enfin s'exprimer en ce sens au sein du PS. Ils me remerciaient d'avoir exprimé ce qu'ils ressentaient sans avoir la possibilité de le faire. Revenu à Paris, je recevais peu après un coup de fil de Pascal Cherki, que je connaissais un peu puisqu'il était l'adjoint aux sports de Bertrand Delanoë, qui me dit être scandalisé par les attaques dont j'étais l'objet. Il me proposa un déjeuner, précisant qu'il se déplacerait et m'inviterait. Il ne pouvait pas comprendre que l'on puisse se dire juif et me traiter ainsi. Michel Dreyfus-Schmidt, alors que j'étais auditionné par une commission du Sénat à laquelle il n'appartenait pas, fit irruption dans la salle où se tenait la réunion pour venir me saluer et, lui aussi, exprimer au vu et au su de tous son refus du procès en sorcellerie et sa solidarité à mon égard. Henri Israël, rédacteur en chef de *CFDT Magazine*, m'apporta également son soutien.

Un étudiant responsable du bureau national de l'Union des étudiants juifs de France (UEJF), Paul Bernard, prit contact avec moi. Je fus ravi à l'idée d'un échange de nature à établir un pont et à dissiper les malentendus. Il vint avec une de ses camarades et nous eûmes une longue discussion à l'IRIS, qui nous a permis d'échanger accords et désaccords de façon ouverte et sereine et au cours de laquelle il me demanda de venir à Marseille afin de débattre avec des étudiants de son organisation. Paul Bernard, tout en étant attaché à son identité juive et à Israël, se montrait homme de dialogue. Hélas, il devait sans doute être isolé dans sa volonté de dialogue car à cause de réticences au sein de son association le débat n'a jamais pu être organisé.

Dans un article publié dans *Le Monde*, le 6 septembre 2001, Théo Klein, président d'honneur du CRIF, reconnaissait que la politique actuelle d'Israël, fondée sur la répression, ne pouvait conduire qu'au désastre. Il appelait Ariel Sharon à reconnaître immédiatement l'État palestinien et demandait le partage de Jérusalem, allant même jusqu'à affirmer qu'un terroriste soutenu par son peuple devenait un combattant. Il prenait une position morale conforme à sa conception du judaïsme et également à son soutien à Israël. Cet article, si besoin était, montrait que l'opposition à la politique menée par le gouvernement israélien n'était en rien assimilable à de l'antisémitisme ou à une opposition à l'existence d'Israël.

Tout ceci montre, si besoin était, la diversité de la communauté juive. Ce ne sont pas les Juifs qui m'ont attaqué. Ce sont certains d'entre eux pour des raisons qui leur appartiennent. Et il y a bien un clivage, non pas entre les Juifs et les autres, mais entre les communautaristes et les universalistes.

Le magazine *L'Arche*, organe officiel de la communauté juive institutionnalisée, me consacrait un long dossier accusatoire en septembre 2001[25]. Il me présentait comme dangereux - volontairement ou involontairement - pour les Juifs de France. Le journal du judaïsme nommait l'article de son rédacteur en chef Meïr Waintrater : « Docteur Pascal, Mister Boniface ». Serge Weinberg, dans un droit de réponse publié dans le numéro de janvier-février 2002, déclarait que les accusations portées contre moi lui semblaient insupportables car parfaitement contraires à la réalité et qu'il se portait garant sur un point essentiel : mon engagement constant contre le racisme et l'antisémitisme. Il précisait que l'accusation d'antisémitisme était « trop grave pour être portée avec légèreté et qu'il avait le sentiment qu'en ces jours, plus encore que par le passé, elle servait souvent d'arguments pour disqualifier des idées ou des prises de position jugées par certains contraires à l'intérêt d'Israël sans accepter le dialogue nécessaire ». Il poursuivait en écrivant que « l'effet

25. Après la sortie de mon livre *Est-il permis de critiquer Israël ?*, j'eus droit à deux autres dossiers en avril et septembre 2003.

n'était que de favoriser le repli sur soi ». Serge Weinberg s'exprimait pour la première fois en tant que juif car cette part de son identité ne pouvait, selon lui, résumer ce qu'il était. Il me disait également avoir constaté avec consternation la présence de fascistes parmi les Juifs.

*L'Express* du 6 décembre 2001 et *Valeurs actuelles* du 7 décembre 2001 publièrent, chacun, un dossier relativement comparable. Rien d'étonnant car la source, pour n'être pas citée par les hebdomadaires, était pourtant la même : le CRIF.

Sous la plume d'Éric Conan, *L'Express* publiait « Les chiffres noirs de l'antisémitisme ». On y voyait des photos de synagogues calcinées et l'article évoquait l'augmentation du nombre d'agressions contre les Juifs perpétrés par des jeunes issus de l'immigration arabo-musulmane.

« Dès lors qu'en France il y a cinq ou six millions de musulmans et seulement six cent mille Juifs, il est clair que la communauté musulmane est mieux prise en compte, a ainsi déclaré le grand rabbin Sitruk [...] Il est vrai qu'un incident récent au sein du PS favorise cette crainte. Pascal Boniface, membre du PS et directeur de l'IRIS, a suggéré, lors d'une réunion à huis clos de la commission internationale du parti, qu'il serait plus payant, pour tenir compte en 2002 des suffrages de la communauté arabo-musulmane, de modifier la politique officielle envers Israël. »

Mon droit de réponse sera publié dans le « Courrier de lecteurs » sous le titre assez peu neutre : « Un nouvel antisémitisme ? » Le moins que l'on puisse dire, c'est que ce n'était pas une manière de faire des plus déontologiques.

Éric Conan, décidément bien acharné contre moi, m'a même mis quatre fois en cause en l'espace de dix mois dans les colonnes de *L'Express*. Alors que je lui faisais remarquer, au cours d'une conversation téléphonique, qu'il déformait mes pensées, il me répondit : « Oui, mais ce n'est pas ainsi que votre note est interprétée au sein de la communauté. » Bel exemple de rigueur journalistique !

Dans le numéro de *L'Express* du 22-28 mai 2003, Alfred Grosser publiait un article élogieux sur mon livre Est-il permis de critiquer Israël ? Est-il besoin de présenter Alfred Grosser ? L'un des premiers spécialistes de la science politique française, Juif, qui, enfant, avait fui l'Allemagne pour échapper aux persécutions antisémites et avait par la suite joué un rôle fondamental dans le rapprochement franco-allemand. Le 19 juin, dans le « Courrier des lecteurs » il n'y avait que des critiques, dont certaines injurieuses, à son égard. Cette rubrique était organisée par le même Éric Conan. Ce dernier n'avait pas pris la peine d'informer Alfred Grosser de la publication de lettres critiques soigneusement choisies. Président du conseil de surveillance de *L'Express*, Alfred Grosser, indigné par ce type de procédé, démissionna. En matière de morale et de dignité, je préfère me trouver du côté d'Alfred Grosser que d'Éric Conan.

Le 7 décembre 2001, *Valeurs actuelles* publiait « L'enquête : pourquoi les Juifs de France ont peur ? » Michel Gurfinkiel, très engagé dans la défense d'Israël, rendait compte d'un an de violences antisémites. Une photo illustrant l'article montrait des livres calcinés après un attentat contre une synagogue, sous la légende : « Une situation dont une partie des médias a paru s'accoutumer ». Ce journal de la droite dure mettait en cause la gauche. Selon l'auteur de l'article, la montée de l'antisémitisme, courant notamment au sein de l'extrême gauche et des Verts, « touche désormais le PS lui-même, longtemps réputé pro-israélien et philosémite. L'affaire Boniface, à cet égard, a fait l'effet d'une véritable bombe. Le 4 août dernier, Pascal Boniface, directeur de l'IRIS, un organisme proche du PS, publiait dans *Le Monde* un texte intitulé « Lettre à un ami israélien ». En fait, il s'agit d'un pamphlet propalestinien. Mais c'est surtout sa conclusion qui retient l'attention : à trop soutenir Israël, la communauté risquerait de trop s'isoler notamment face à la communauté musulmane... Une sorte de menace. Et pour beaucoup de Juifs français, la clé des agressions qu'ils subissent depuis le mois d'octobre précédent. » J'étais donc le responsable d'attaques antisémites.

En fait, les deux hebdomadaires reprenaient un dossier de presse constitué par le CRIF sur les actes antisémites. La presse en avait largement rendu compte mais, en citant la source, certains journalistes remarquaient qu'on ne pouvait pas mettre sur le même plan les synagogues brûlées et les insultes anonymes. Et encore moins m'en attribuer la cause ! *Valeurs actuelles* et *L'Express* ont non seulement repris le dossier à leur compte sans préciser la source et en utilisant l'ensemble de l'argumentation mais également les éléments de langage fournis par oral qui me concernaient.

Quasi simultanément, les deux chroniques hebdomadaires que je tenais dans *La Voix du Nord* et *Nice-Matin*, qui, jusqu'alors, donnaient pleine satisfaction à la rédaction, furent supprimées. À chaque fois, à la demande insistante des instances juives locales qui s'émouvaient que l'on puisse me laisser m'exprimer après l'émoi que mon article avait suscité au sein de la « communauté ». Imaginons un instant que des associations musulmanes demandent qu'il soit mis fin à une chronique parce que son auteur aurait des positions sur le conflit du Proche-Orient qui déplaisent. Cette intolérable atteinte à la liberté d'expression aurait immédiatement été dénoncée et on se serait insurgé contre ce communautarisme inadmissible. Là, rien de tel.

Dans *Actualité juive* du 6 septembre 2002, une page sous le chapeau « antisionisme » m'était consacrée. L'article, intitulé « L'affaire Boniface », indiquait que « l'affaire » suscitait une vive émotion dans la communauté juive. Je m'en serais pris « violemment à la communauté juive » par le biais « d'insinuations poisseuses ». Il était signé Martin Perez, pseudonyme de Clément Weill-Raynal. Cela allait ouvrir un nouveau chapitre d'articles consacrés à ma personne de la part du même auteur, où j'étais à chaque fois accusé de m'en prendre violemment à la communauté juive. Il déformait ma note, omettant de préciser que je m'étais toujours exprimé en faveur de la solution à deux États, donc l'existence d'Israël dans les frontières reconnues internationalement, et que j'avais toujours condamné le terrorisme. Ce type d'article ne pouvait évidemment que susciter la peur et l'hostilité des lecteurs.

Le lendemain, je recevais un appel téléphonique de Pierre Lellouche, membre du conseil d'administration de l'IRIS que je connaissais de longue date. Venant juste de découvrir l'article publié dans *Le Monde* un an auparavant, il m'expliqua la sensibilité de la communauté juive et me proposa un rendez-vous. Les attentats du 11-Septembre qui nous mobilisaient tous deux professionnellement de manière intensive empêchèrent ce contact. Pierre Lellouche envoya par la suite une lettre de démission à Serge Weinberg. Il avait dû, certainement pour montrer patte blanche, envoyer un double de sa lettre à *Actualité juive* qui l'a publiée aussitôt, indiquant qu'il avait claqué la porte de l'IRIS. Pierre Lellouche n'a pas une fibre communautariste très développée mais n'a pas voulu engager un rapport de force.

Entre les deux tours de l'élection présidentielle de 2002, Christopher Caldwell, du journal néoconservateur *Weekly Standard*, sollicite un rendez-vous avec moi afin d'évoquer les liens entre la politique étrangère et le débat électoral. Malgré ses opinions, j'accepte de le rencontrer, toujours prêt au débat. Par ailleurs, je trouve que beaucoup de néoconservateurs américains sont intellectuellement mieux armés que leurs clones français. Il m'interroge sur ma note de 2001 et concentre ses questions sur l'antisémitisme en France. Mais l'entretien est cordial. Je suis donc d'autant plus surpris à la lecture de son article sobrement intitulé « Liberté, égalité, judéophobie », où il décrit une France mise à feu et à sang par des jeunes Arabes violents et évoque la « benladenisation » des banlieues et, dans le paragraphe qui m'est consacré, ose le terme de « bonifascisme ». Ce néologisme va être régulièrement repris par l'extrême droite pro-israélienne ainsi que par Bernard-Henri Lévy (BHL). Cela sous-entend, bien sûr, que seul un fasciste peut critiquer le gouvernement israélien… Et que faisant l'un, j'étais naturellement l'autre.

# Les temps difficiles

Créé à partir de rien, l'IRIS avait initialement la structure minimale pour exister comme association : un président, un trésorier et un secrétaire général. Par la suite, le conseil d'administration s'est élargi pour y inclure simplement le « noyau dur » de l'équipe. Nos activités ont également pris de l'ampleur : outre L'Année stratégique, l'IRIS avait créé une revue trimestrielle, organisait des colloques, effectuait des recherches et études et participait à l'animation du débat stratégique. Au bout de quelques années, j'ai souhaité ouvrir le conseil d'administration à des membres extérieurs. Certains d'entre nous craignaient d'être dépossédés de l'outil auquel ils participaient tandis que j'étais persuadé que c'était indispensable à notre croissance. Pascal Lamy, à l'époque numéro 2 du Crédit Lyonnais, avec lequel j'étais en relation et dont je connaissais le goût pour le débat intellectuel, accepta le poste de président. Il était convaincu de la nécessité de développer les think tanks en France, vu le retard pris en la matière par rapport aux autres pays européens, pour ne pas parler des États-Unis. Mais il allait peu après être nommé commissaire européen, fonction incompatible avec la présidence de l'IRIS.

Je m'en ouvrais donc à Marc-Antoine Jamet, directeur de cabinet de Laurent Fabius à la présidence de l'Assemblée nationale. C'est ce dernier qui suggéra de me tourner vers Serge Weinberg, l'un de ses proches, qui dirigeait le groupe Pinault-Printemps-Redoute (PPR), devenu Kering aujourd'hui. Je pris rendez-vous avec lui et il accepta de bonne grâce la proposition en prenant la présidence de l'IRIS. Une collaboration heureuse et harmonieuse allait se développer. Serge Weinberg, malgré sa lourde charge de travail, savait se rendre disponible et être attentif à mes sollicitations. Il contribuait à permettre à l'IRIS d'acquérir une nouvelle dimension. Au moment critique des attaques, il se comporta de manière impeccable à mon égard, prenant ma défense face aux accusations d'antisémitisme et jouant sa réputation au profit de la mienne. Mais la charge allait devenir trop lourde à mesure que les attaques redoublaient.

À l'intérieur du conseil d'administration, l'attaque la plus inattendue, violente et indigne vint de celui que je connaissais depuis le plus longtemps : François Heisbourg. Dans une lettre envoyée à Serge Weinberg, avec chaque membre du conseil en copie, il m'accusait de rendre les Juifs de France comptables de la politique d'Israël.

Il n'avait eu aucun échange préalable avec moi. Je connaissais F. Heisbourg depuis 1984, lorsqu'il était membre du cabinet de Charles Hernu et que j'étais au secteur international du PS. J'avais rédigé une note sur le mouvement pacifiste en France, qui avait retenu son attention. Nous avions entamé une collaboration fructueuse de travail et des relations amicales au point de publier sous notre double signature un livre en 1986[26]. Nous avions toujours maintenu un contact étroit. Si j'étais antisémite, il aurait pu s'en apercevoir depuis bien longtemps... Serge Weinberg, qui avait toujours relativement mal supporté son arrogance, lui répondit très sèchement, s'étonnant du « procédé peu estimable consistant à me faire un procès d'intention d'antisémitisme » et estimant que sa démarche ressortissait d'une attitude générale négative vis-à-vis de l'IRIS.

Un conseil d'administration eut lieu au printemps 2002, autour de la liberté d'expression et de ses limites. Nous eûmes un dialogue franc et transparent. Certains membres, tout en me soutenant, m'expliquaient que je devais, en tant que directeur, adopter une expression plus « lisse » et éviter les polémiques. (Pour regrettable que ce soit dans la société française contemporaine, il y a des sujets plus inflammables que d'autres.) Je leur répondis que je n'avais pas choisi ce métier pour brider ma liberté et que la raison d'être de l'IRIS était justement

26. Pascal Boniface, François Heisbourg, *La puce, les hommes et la bombe*, Hachette, Paris, 1986.

de permettre une totale liberté d'expression dans le respect des lois de la République.

En 2002, à l'occasion du premier anniversaire des attentats du 11-Septembre, je fus longuement interviewé dans le journal suisse *Le Temps*, notamment sur la notion « d'axe du mal » développé par George W. Bush dans son discours sur l'état de l'Union en janvier. J'expliquais pourquoi je trouvais ce concept, qui allait « justifier » la guerre d'Irak, tout à fait contestable comme l'était celui des « États voyous » développé précédemment. En effet, ces concepts me paraissaient à géométrie variable, mettant en avant des critères « moraux » uniquement contre les pays qui s'opposaient aux États-Unis. S'il s'agissait de dénoncer le manque de démocratie ou des travaux de recherche sur le nucléaire, la liste des pays concernés était bien plus large que celle des pays visés par le président américain, et certains – comme le Pakistan et l'Arabie Saoudite – figuraient parmi les meilleurs alliés des États-Unis. J'ajoutais, avec quelque ironie, qu'il existait un pays doté d'armes nucléaires, où les généraux disposaient de beaucoup de pouvoir sans que les États-Unis s'en inquiètent : Israël. Je fus immédiatement accusé de qualifier Israël de pays appartenant à l'axe du mal alors que je disais, au contraire, que cet axe n'existait pas et que je le tournais en dérision via l'exemple israélien. Mais l'humour et les ultras pro-israéliens ne font pas bon ménage. Ce fut là encore une bonne manière de déformer mes propos pour tenter de me contraindre au silence.

Le 7 novembre 2002, un conseil d'administration était convoqué à l'IRIS. Ordre du jour : « Gouvernance de l'IRIS ». Le directeur de l'IRIS est nommé par le conseil mais n'en fait pas partie. Il assiste néanmoins à ses travaux et les prépare avec le président. Mais, cette fois-ci, il n'y eut aucun contact possible avec Serge Weinberg. En réalité, chacun comprit l'objet de ce conseil : ma révocation. Serge Weinberg, qui m'avait soutenu depuis le début, rendait les armes. Le conseil eut lieu dans une atmosphère particulièrement lourde. Peu avant, l'un des membres, Patrick Careil, avait envoyé une lettre réclamant ma révocation. Je m'interrogeais sur la meilleure conduite à adopter tant ce climat m'avait affecté depuis un an et que j'en éprouvais une véritable lassitude. Je trouvais injuste d'être évincé de l'institut que j'avais créé de toutes pièces, et ce, sur la base d'accusations infondées. Je trouvais par ailleurs inadmissible qu'au sein d'un État démocratique la liberté d'expression soit à ce point bafouée. Mais, soucieux de la survie de l'IRIS et du sort de ses salariés, j'étais prêt à jeter l'éponge même si j'éprouvais de grandes inquiétudes pour mon avenir professionnel. Quatre proches collaborateurs et amis, Didier Billion, Jean-Pierre Maulny, Alexandre Tuaillon et Boris Contesse, dont le soutien professionnel et amical ne m'avait jamais manqué, m'ont fait savoir qu'ils partiraient également si le conseil décidait mon éviction. C'était un choix à la fois solidaire et significatif : le refus de travailler pour un institut ayant subi un changement de direction sur ces bases. Leur solidarité me toucha et me convainquit que l'IRIS pouvait être démantelé, même si je quittais sa direction, et que se jouait là sa survie. Serge Weinberg expliqua qu'il était devenu impossible de continuer ainsi, que mes déclarations mettaient en danger l'institution et qu'il m'était impossible de travailler à la développer devant l'hostilité que je suscitais. La majorité des membres du conseil estimait que, bien que délicate, la situation exigeait de ne pas céder aux menaces pesant sur la liberté d'expression, proférées par des organismes communautaires[27]. Au sein du conseil d'administration, Philippe Seguin et Jean Musitelli étaient particulièrement offensifs. Ils demandaient à Serge Weinberg si les pressions du CRIF justifiaient son changement d'attitude. Roger Cukierman, alors président du CRIF, avait écrit aux ministres de la Défense et des Affaires étrangères pour qu'ils cessent leurs relations, y compris, et surtout, contractuelles et financières avec l'IRIS. Serge Weinberg répondit qu'il n'avait rien à faire des demandes et réactions du CRIF.

Il est vrai que, face aux pressions, d'éventuels partenaires privés se détournaient et que la polémique, savamment alimentée, éloignait de nombreuses coopérations potentielles. Mais, en réalité, celui qui semble avoir fait pencher la balance est Bernard-Henri Lévy (BHL), qui entretenait des liens amicaux avec Serge Weinberg. Au tout début de la polémique, ce dernier

27. Il n'était pas encore à la mode de condamner le communautarisme mais on était là très clairement dans un cas où il constituait une menace claire et nette pour la liberté.

m'avait expliqué qu'après s'être entretenu avec plusieurs de ses relations de la communauté juive, il avait constaté un phénomène générationnel : les plus anciens avaient vécu douloureusement ma note quand les plus jeunes ne s'en offusquaient pas particulièrement. Il m'avait d'ailleurs donné l'exemple de BHL qui n'y avait rien vu de scandaleux. Il avait donc changé d'opinion ensuite pour des raisons que j'ignore encore aujourd'hui... Il avait même décidé d'avoir ma tête. Or, BHL était de surcroît très proche de François Pinault, et Serge Weinberg était directeur du groupe PPR dont Pinault était le propriétaire. Je sortis de la pièce pour laisser place au vote, qui refusa ma destitution. J'étais néanmoins particulièrement sonné. Serge Weinberg démissionna du conseil d'administration ainsi qu'un petit tiers des autres membres.

La démission de Serge Weinberg était, bien sûr, un coup dur. À titre personnel, même si j'éprouvais un peu d'amertume en considérant la façon dont s'achevait notre collaboration, je conservais un immense respect pour lui. Je comprenais ses raisons. L'IRIS c'était 1 % de son temps et de ses responsabilités, 99 % de ses tracas. La présidence du conseil était un service rendu : il n'avait rien à y gagner, se trouvait au cœur d'un maelström et prenait des coups de toutes parts. Il voyait même sa position professionnelle mise en danger. Il m'avait courageusement défendu au cours de sa présidence et j'avais été impressionné par ses qualités intellectuelles et humaines. Pour l'IRIS, le coup était encore plus dur. Sa démission entraîna celle d'autres membres venus à sa demande comme Baudouin Prot, directeur du groupe BNP Paribas, et Nicolas Sarkozy, que Serge Weinberg avait fait entrer. Pourtant, Sarkozy avait peu avant indiqué qu'il n'avait pas à prendre position sur les propos que j'avais tenus[28]. Laurent Fabius, sans doute pour ne pas porter l'estocade, demeura jusqu'à la fin de son mandat[29].

Grâce à l'entregent de Serge Weinberg, les contacts et les projets se multipliaient. Sans atteindre la pagination publicitaire de la revue *Politique internationale*, la revue de l'IRIS commençait à en recevoir, ce qui permettait son financement partiel. Sur son nom ou ses recommandations, Serge Weinberg ouvrait de nombreuses portes, offrant à l'IRIS une visibilité, mais également une dimension d'une autre nature que celle atteinte auparavant. Les perspectives de financement n'étaient plus les mêmes. Tout ceci s'est donc brutalement arrêté et, non seulement le développement en vue a été stoppé net, mais il a fallu nous battre contre ceux qui voulaient assécher les ressources existantes. Sans cette affaire, l'IRIS aurait certainement aujourd'hui une taille et un poids bien différents de ceux qui sont aujourd'hui les siens. C'est ainsi, et il n'y a pas à le regretter. Les difficultés ont au moins eu pour mérite de pousser à l'innovation.

28. Voir l'annexe 2.

29. Certains de mes « amis » ont fait circuler « l'info » qu'il aurait condamné mes propos. C'est faux. Il me remit personnellement l'insigne d'officier de la Légion d'honneur en 2013 et vint en 2015 livrer une conférence aux étudiants de l'IRIS malgré un agenda surchargé.

Arthur Paecht, qui n'avait pas, en 2002, sollicité le renouvellement de son mandat de député UDF (Union pour la démocratie française), accepta la difficile tâche de lui succéder en cette période plus qu'incertaine. Je le connaissais depuis 1986, quand je travaillais à l'Assemblée nationale et j'avais toujours apprécié sa grande indépendance et son intégrité. Il se trouve que, d'origine autrichienne, ses deux parents juifs avaient été tués par les nazis mais avaient eu le temps de prendre la précaution d'envoyer leur fils se cacher en France. On pouvait difficilement lui reprocher d'être insensible à l'antisémitisme. C'est d'ailleurs la remarque qu'il fit à Roger Cukierman, lorsque celui-ci lui demanda de démissionner de son poste de président de l'IRIS. En 2005, Arthur Paecht fut contraint, pour demeurer proche de son épouse, alors très souffrante, de mettre entre parenthèses ses activités parisiennes. Jacques Boyon, auquel je tiens également à rendre hommage, prit sa succession.

François Thual, qui était un ami personnel et un des premiers à rejoindre l'IRIS après sa création, était fonctionnaire du ministère de la Défense, détaché auprès du président du Sénat, conseiller parlementaire pour les questions internationales du groupe de l'Union centriste. Cela permettait à l'IRIS d'organiser des colloques dans le cadre prestigieux du Sénat, ce qui pour ce tout jeune centre de recherche aux moyens si limités était d'un intérêt considérable. Quant à François Thual, il trouvait dans l'IRIS l'opportunité de s'exprimer publiquement et même de publier, ce qui lui était impossible au sein de son cadre professionnel. Nous avions souvent de longues discussions ensemble sur les questions géopolitiques, dans lesquelles assez peu de désaccords existaient, y compris sur le Proche-Orient. Il était devenu directeur adjoint de l'IRIS au printemps 2002, après ma note et la polémique lancée contre moi. Mais lorsque cette dernière enfla, après la publication de l'ouvrage Est-il permis de critiquer Israël ?, il changea d'attitude. Avait-il peur des conséquences professionnelles ? Craignait-il de voir sa place confortable au sein du groupe de l'Union centriste remise en cause ? Toujours est-il qu'il démissionna de son poste de directeur adjoint de l'IRIS, arguant de désaccords qu'il n'avait jamais exprimés auparavant. Je compris qu'il avait été « travaillé au corps » par Frédéric Encel avec lequel il entretenait des liens maçonniques. Sa démission fut d'ailleurs interprétée dans les sites d'extrême droite pro-israéliens[30] et par Encel lui-même, dans un courrier qu'il a largement diffusé, comme le début de la disparition de l'IRIS. Intitulé « La maison vide de l'IRIS », son courrier faisait le point sur les défections annonçant que l'IRIS n'y survivrait pas. C'est très certainement le travail de sape de Frédéric Encel qui a conduit à la démission de François Thual. Toujours est-il que, peu après, ils développèrent un travail en commun et publièrent ensemble le livre Géopolitique d'Israël, dont

30. F. Thual dut envoyer un démenti à *Actualité juive*, qui, dans son n° 806, avait présenté sa démission de façon peu conforme à la réalité, toujours sous la plume fielleuse de Clément Weill-Raynal.

le contenu ne risquait pas de déclencher les foudres des instances communautaires[31].

Je n'étais plus seulement l'homme à abattre. Il fallait également tuer l'IRIS. D'où les pressions sur les membres du conseil d'administration, les ministères et les entreprises travaillant avec nous. Certains y cédèrent, d'autres résistèrent. L'IRIS a bien failli disparaître à ce moment.

31. Lors du premier contact que j'ai eu avec Frédéric Encel - un débat sur France Culture à propos de mon ouvrage *Est-il permis de critiquer Israël ?* - il affirmait ne pas être juif. Outre l'immense propension au mensonge et à la dissimulation qu'il démontrait déjà, cette affirmation était supposée renforcer sa démonstration. Un soutien aux thèses du gouvernement israélien (puisque c'est de cela qu'il s'agissait) avait davantage de poids s'il émanait d'un non-Juif. Le même s'en était pourtant pris à plusieurs reprises à « des gens qui ont des noms à consonance juive et qui signent des tribunes où ils entretiennent une *haine de soi* ».

# Le temps des roses rouges

Le lendemain du premier tour de l'élection présidentielle de 2002, un éditorial publié sur le site du Consistoire de Paris[32] livrait une explication de la défaite de Lionel Jospin et de la présence de Jean-Marie Le Pen au second tour. Jean-François Strouf écrivait, sous le titre « Chronique d'un cataclysme non annoncé » : « N'exonérons pas de leurs responsabilités les politiques inconscients qui ont fait le lit de Le Pen en France, et ils sont plus nombreux qu'on ne le croit. En tant que citoyens français, en tant que Juifs et en tant qu'amis d'Israël, nous sommes triplement concernés. Lorsqu'un Pascal Boniface appelle le Parti socialiste à prendre ses distances à l'égard d'Israël, à marginaliser la communauté juive de France pour ne pas s'aliéner le vote beur, il dit en substance que le tiers-mondisme caricatural du Quai d'Orsay, des Verts, de l'extrême gauche

32. www.consistoire.org

s'accompagnera nécessairement d'un manque d'empathie pour les victimes d'agressions antisémites en France. Dans des manifestations orchestrées par la FIDH, le MRAP, des syndicats et des partis de gauche et d'extrême gauche, depuis octobre 2000, on conspue Israël en tête de cortège et on crie “Mort aux Juifs” en queue de manif, et ces manifestations sont suivies de passage à l'acte antisémite contre des synagogues, des écoles juives, des cars scolaires, des adolescents en train de faire du sport, des passants identifiables, etc. Voilà où sont passées les quelques centaines de milliers de voix qui ont manqué à Lionel Jospin pour donner à la France le second tour démocratique auquel aspirait l'immense majorité des Français. »

Laurent Azoulay, un des responsables de la fédération du PS du Val-de-Marne, envoyait pour sa part une lettre circulaire[33] faisant ainsi la lumière sur la défaite surprise de Jospin au premier tour : j'en étais le responsable ! J'avais été coupable d'avoir publié des articles dans les médias mais également, provocation suprême, « dans la presse de la communauté juive ». Inutile sans doute de faire remarquer à M. Azoulay que je n'avais fait qu'utiliser un droit de réponse légal... Il poursuivait : « Cent quatre-vingt-dix mille voix qui ont manqué à Lionel Jospin pour être présent au second tour dont celle d'une grande partie de la communauté juive qui a massivement apporté son soutien à Alain Madelin... l'un des rares candidats à prendre une position claire et courageuse

33. Intitulée « Le Pen doit remercier Pascal Boniface »..

sur le conflit du Proche-Orient... Le vote juif n'existe pas... sauf quand on le provoque. »

Laurent Azoulay affirmait ainsi tranquillement l'existence d'un vote juif, indexé sur l'attitude des responsables politiques autour du conflit au Proche-Orient. Me rendre responsable de la défaite de Jospin en 2002 revenait, par ailleurs, à m'attribuer une importance démesurée, au regard des multiples facteurs ayant expliqué cette défaite surprise[34]. Il était en tous les cas savoureux de voir que ceux qui m'avaient reproché d'évoquer un vote communautaire, qui allaient répétant qu'il n'existait pas de vote juif, attribuent à ce dernier la défaite de leur champion. On peut d'ailleurs penser que ceux qui, au sein du PS, reprochaient à Lionel Jospin sa « tiédeur » dans sa lutte contre l'antisémitisme et d'être insuffisamment solidaire d'Israël, tout en répétant des discours anxiogènes à destination des Juifs français, ont contribué à écarter une partie de ses électeurs. Les communautaristes du PS ont pris leur part dans la défaite de Jospin. On peut également penser que, conformément à la mise en garde, le sentiment d'un « deux poids, deux mesures » défavorable aux Palestiniens a écarté une partie des électeurs, notamment parmi les jeunes, et pas seulement arabes. En fait, Lionel Jospin a perdu sur les deux tableaux. Sa prise de distance avec Israël n'avait pas été notée par les partisans de la cause palestinienne. Cela

34. Multiplicité des candidatures à gauche, vote pendant les vacances scolaires, démobilisation du fait d'une trop grande confiance dans une victoire censée être acquise, confusion entre campagne de premier et de second tour, etc.

ne lui a donc pas servi auprès d'eux. Par contre, elle avait été très remarquée par les ultras pro-israéliens, y compris socialistes, et l'avait donc desservi auprès de ces derniers. Pour beaucoup, les deux images qui demeuraient étaient l'algarade de Jacques Chirac avec des militaires israéliens à Jérusalem en 1996 et Lionel Jospin caillassé sur le campus de l'université de Bir Zeit en 2000. En février, pendant le voyage de ce dernier en Israël, Pierre Moscovici avait déclaré aux journalistes, Éric Aeschimann et Christophe Boltanski, : « Le vote juif, ça compte », en référence aux élections municipales du printemps 2001 où Paris, qui comprend une forte communauté, était un enjeu essentiel[35]. En fait, la question de l'existence du vote juif importe peu à partir du moment où la plupart des responsables politiques sont persuadés de sa réalité. Leur perception engendre sa création.

Dominique Strauss-Kahn (DSK), qui avait déclaré à propos de José Bové, qui venait d'être expulsé de Ramallah par les Israéliens, qu'il ne savait plus quoi inventer pour passer devant les caméras avait, pour sa part, jeté de l'huile sur le feu.

Les ultras pro-israéliens, membres du PS, créèrent à cette époque un cercle Léon Blum, sous la houlette de Laurent Azoulay, par ailleurs en relation d'affaires avec Israël. L'objectif officiel était de lutter contre l'antisémitisme et, plus précisément, contre « l'antisémitisme de gauche ». En fait c'était un cercle constitué avant tout pour lutter

35. Alain Gresh, *Un chant d'amour*, La Découverte, Paris, 2017, p. 152.

contre la menace que je représentais. L'objectif était que le PS n'abandonne pas ses positionnements pro-israéliens, peu importe le gouvernement, ou du moins qu'il ne devienne pas critique d'Israël en lui faisant porter la responsabilité du maintien du conflit et en se mettant à critiquer l'occupation et la répression qui en découlait. Il aurait été plus logique et cohérent d'appeler ce cercle Guy Mollet mais, bien sûr, c'était moins vendeur. Léon Blum est une figure mythique de la gauche qui, par ailleurs, eut à subir des attaques antisémites. Mais très vite il apparut que ce nouvel organisme dépassait difficilement le petit cercle des ultras pro-israéliens au sein du PS. Ils sont arrivés à enrôler quelques personnes supplémentaires, certaines par conviction ou par absence de perspective globale (il est difficile de ne pas être contre l'antisémitisme), d'autres par cynisme (ce courant est trop puissant au sein du parti pour que je trouve un intérêt à m'y opposer).

Le cercle Léon Blum ne mentionnait pas d'autres formes de racisme que l'antisémitisme, ce dernier objectif étant lui-même biaisé. Le cercle n'allait pas prendre la défense de tous les Juifs mis en cause. Lorsque des Juifs étaient spécifiquement attaqués pour s'être opposés à Ariel Sharon, il n'y avait aucune réaction. Un site d'extrême droite avait placé des étoiles jaunes en face de noms de Juifs français critiques du gouvernement d'Israël, et le cercle Léon Blum n'avait pas réagi. C'était pourtant bien en tant que Juifs qu'ils étaient attaqués. Rony Brauman avait été qualifié de « traître juif ». Esther Benbassa, Dominique Vidal, Alain Gresh, Stéphane Hessel, Edgar Morin, Charles Enderlin, ont subi des attaques infâmes en tant que Juifs parce qu'ils critiquaient le gouvernement israélien. Eyal Sivan a reçu une lettre contenant une balle de revolver avec la mention : « La prochaine n'arrivera pas par la poste » sans que cela ne suscite aucune réaction de la part de ce cercle, qui y a même parfois participé. Par contre, toute critique de ce grand homme de gauche qu'était Sharon, comme avaient osé le faire Rony Brauman, Eyal Sivan et Esther Benbassa, était immédiatement assimilée à de l'antisémitisme. Derrière l'affichage (lutte contre l'antisémitisme), la volonté réelle était de sanctuariser le gouvernement israélien. Dans une lettre d'invitation à un colloque, que le cercle organisait le 25 novembre 2003, son président, Laurent Azoulay, annonçait la couleur : « Il nous faut savoir reconquérir un électorat qui nous a quittés en 2002. » Et c'était moi qu'on accusait d'électoralisme...

En 2001, Pierre Schapira, un ami de longue date, était devenu adjoint aux relations internationales de la mairie de Paris. Il était également en charge d'Israël au secteur international du PS. Mais ma note avait créé plus qu'un froid entre nous, et il avait interdit tout contact de ses services avec l'IRIS, alors que nous faisions des propositions de formations, de colloques et d'expertises. Il avait même été jusqu'à accomplir ce qu'on peut considérer comme un geste d'humour particulier : passer sa main sur sa gorge lorsque Romain Levy, son adjoint, qui était aussi un de mes anciens étudiants, avait regretté que la mairie refusât les propositions venant de l'IRIS, boycotté par la délégation internationale alors même que nous organisions des dizaines de manifestations, gratuites et ouvertes au public.

Élisabeth Schemla, ancienne journaliste de *L'Express* et du *Nouvel Observateur*, venait de créer le site Proche-Orient.info avec des moyens importants afin de « rétablir une information objective sur le Proche-Orient ». Beaucoup pensaient plutôt qu'il s'agissait de disposer d'un média offrant une image positive d'Israël, au moment où celle-ci se dégradait, et de porter le fer contre ceux qui critiquaient son gouvernement. Élisabeth Schemla a un tempérament que l'on peut qualifier de volcanique. Juste après mon interview au *Temps* me présentant comme l'inspirateur de la gauche française et le conseiller de Lionel Jospin, elle m'accusa d'assimiler Israël aux dictatures moyen-orientales et de l'avoir placé dans l'axe du mal. C'était une déformation singulière de mes propos qui allait déclencher une nouvelle campagne intense contre moi. Quelques socialistes, partisans acharnés de la défense d'Israël, commençaient à faire circuler une pétition demandant mon exclusion du PS. Évidemment, aucun n'avait pris la peine de me contacter et de débattre. C'est un ami juif, membre du PS, contacté pour signer la pétition, qui m'en avait averti. J'imagine que les promoteurs de cette pétition sont aujourd'hui vent debout contre les campagnes de boycott d'Israël et qu'ils sont tous très « Charlie ». On ne peut qu'être dubitatif devant le comportement d'individus qui réclament la liberté de débat à condition que leurs contradicteurs n'aient pas le droit de s'exprimer... J'imagine que nombre d'entre eux ne sont même pas conscients de cette immense contradiction.

Les dirigeants du CRIF montèrent à l'assaut pour exiger mon exclusion du PS ou, à défaut, la révocation de mon titre de délégué aux affaires stratégiques. François Hollande et Henri Nallet firent front et refusèrent l'un et l'autre. La direction du PS se trouvait divisée entre ceux qui voulaient ma tête, ceux qui partageaient mes vues, ceux qui trouvaient la réaction des premiers excessive et d'autres qui estimaient qu'il ne fallait surtout pas se confronter à eux. De toute part, je recevais des soutiens. Afin d'envoyer un message à mes détracteurs, Alain Richard, ministre de la Défense, me remit personnellement l'insigne de chevalier de la Légion d'honneur, en décembre 2001. Lionel Jospin, quant à lui, m'invita à l'accompagner dans un voyage officiel qu'il effectuait à Moscou, en février 2002. Le soutien public d'Hubert Védrine ne me fit jamais défaut. Enfin, Claude Bartolone, à l'époque ministre de la Ville, m'invita à déjeuner en tête à tête. Jugeant ces attaques insupportables, Bariza et Saad Khiari, ainsi que Fayçal Douhane et Ouarda Karrai, vinrent à ma rescousse, ce qui a permis de nouer une véritable amitié, qui nous unit encore aujourd'hui.

Après le congrès du PS à Dijon, l'organigramme du secrétariat international tardait à être rendu public. Plusieurs semaines s'écoulèrent sans qu'il soit publié ce qui laissait le microcosme dans l'expectative. Il apparut finalement que ma présence en son sein était ce qui posait problème. Si je bénéficiais du soutien d'un très grand nombre de personnes, probablement plus nombreuses que celles qui souhaitaient ma peau, ces dernières étaient bien plus déterminées. Pierre Moscovici, qui avait succédé à Henri Nallet comme secrétaire international, m'invita à déjeuner au mois de juin. Je l'avais connu avant qu'il soit ministre et entretenait des relations cordiales avec lui. Il ne faisait pas partie du cercle des ultras pro-israéliens mais, ayant déclaré « le vote juif, ça existe », il agissait froidement en tenant compte du rapport de force. Il était par ailleurs très proche de DSK. Il devait se demander ce qui lui causerait le moins d'emmerdements et, visiblement, me virer était la meilleure option. Au cours du déjeuner, il me dit l'horreur que suscitait en lui la colonisation des territoires occupés, son peu d'appétit pour la droite israélienne, etc. Mais il fallait en France calmer le jeu car le sujet déchaînait les passions et peut-être était-il mieux, ne fût-ce que provisoirement, que je quitte le poste de délégué aux affaires stratégiques. Cela ne me posait aucun souci. J'avais accepté ce titre sans l'avoir demandé et aucune ambition électorale ne me guidait. Je ne cherchais donc pas à monter dans l'appareil du PS. En réalité, il me gênait plutôt en ce qu'il bridait ma liberté d'expression. J'avais compris que si j'avais produit exactement le même article sans être au PS, je n'aurais jamais suscité une telle tempête. Je lui fis donc savoir que j'acceptais cette décision. Par contre, je voulais qu'elle soit le fruit d'un commun accord et qu'elle n'apparaisse pas comme une sanction, car cela aurait pris une autre tournure politique. Pierre Moscovici y était tout à fait ouvert et on évoqua la possibilité que je sois invité de façon visible et mis en avant lors de la prochaine université d'été du PS. On se quitta bons amis évoquant l'Euro de football à venir, étant tous les deux fans de ballon rond. Mais le 22 juin, une grande réunion organisée par les instances communautaires eut lieu : « 12 heures pour l'amitié France-Israël ». Meyer Habib, qui était le président du comité d'organisation, dénonça la politique étrangère française. Rien de très nouveau sous le soleil. Netanyahou honora de sa présence cette réunion et Hollande y fit un tour, accompagné de DSK. On y parlait de la cassure entre la gauche et les Juifs alors qu'Alain Madelin et Nicolas Sarkozy avaient été accueillis chaleureusement.

Dans *Le Monde* du 24 juin, on pouvait lire ceci : « Mais c'est l'ancien ministre des Finances, Dominique Strauss-Kahn, qui s'est employé le plus vigoureusement à recoller les morceaux avec une communauté juive visiblement fâchée avec la gauche : "Comme Juif j'ai une sympathie naturelle pour Israël. Comme socialiste j'ai une sympathie politique. La gauche vous a déçus. Il y a eu des notes non autorisées [allusion à un texte rédigé par l'universitaire Pascal Boniface préconisant un changement de politique du PS à l'égard d'Israël]. Elles étaient misérables". Et M. Strauss-Kahn de conclure : "Je vous annonce que la gauche est de retour". »

C'était plus que je ne pouvais en supporter. Me livrer à la vindicte devant une foule chauffée à blanc en présence de ce grand homme de gauche qu'est Benyamin Netanyahou... Si cela n'était pas du communautarisme du plus bas étage, comment alors le définir ? Le terme de « misérable » était infamant et surtout le concept de « notes non autorisées » dépassait l'entendement. Faut-il demander l'autorisation pour rédiger une note ? Comment un ancien universitaire comme DSK pouvait-il prononcer une telle énormité ? Chacun a le droit de rédiger des notes comme chacun a le droit de les lire, de les mettre à la poubelle, d'y réfléchir ou de n'en tenir aucunement compte. Je faisais donc part de ma décision de quitter le PS à François Hollande. Dans ma lettre de démission, en date du 2 juillet 2003, j'accusais les amis d'Israël de m'avoir diabolisé et déplorais que priorité soit donnée à ceux qui avaient une « vision ethnique du conflit » ainsi que « le retour en force du communautarisme ». J'y dénonçais également les ultras pro-israéliens « qui ont créé une peur réelle chez de nombreux Juifs de France, sur laquelle ils se sont appuyés pour justifier la nécessité de mon éviction ».

« S'il faut des autorisations pour écrire des notes, je n'ai rien à faire dans ce parti. Je préfère reprendre ma liberté. En tous les cas, le débat d'idées ne passe pas par le PS. Beaucoup de gens dans le parti sont d'accord avec moi mais la discussion est impossible. C'est un véritable tabou. »

Il me répondit que, me connaissant, il n'était guère surpris par la franchise et la sincérité de ma lettre. Mais qu'il ne pouvait en admettre ni l'introduction ni la démonstration…

J'écrivis également à DSK, que je connaissais depuis mon passage comme assistant du groupe socialiste à l'Assemblée nationale où il avait été élu député en 1986. Je lui rappelais nos bonnes relations de travail dans lesquelles j'avais toujours pris beaucoup de plaisir, du fait de ses capacités intellectuelles, de sa cordialité et de la proximité immédiate qu'il savait créer. Je lui rappelais que, quelques mois auparavant, il était venu à Berlin participer à un cercle franco-allemand coorganisé par l'IRIS, pour débattre avec moi du Proche-Orient. Nous n'étions pas du même avis mais c'était un débat intellectuel, sans procès d'intention. Je concluais sur l'étonnant concept de « notes non autorisées », en écrivant que ce qui était misérable ne semblait pas être ma note, mais la façon dont j'ai été traité : accusations d'antisémitisme, déformations de mes propos pour les disqualifier, accusations de communautarisme, sans parler des nombreuses menaces personnelles et professionnelles. En me stigmatisant devant une foule dans laquelle se trouvaient quelques « excités », j'estimais qu'il avait jeté de l'huile sur le feu.

Je reçus de nombreux messages de solidarité, y compris de Manuel Valls qui, à l'époque, n'avait pas opté pour la ligne ultra pro-israélienne dans laquelle il s'inscrit aujourd'hui[36]. Pierre Moscovici s'expliqua dans un courrier envoyé à un militant qui protestait contre mon départ[37].

J'ai gardé de nombreux contacts au PS, et même des amis, mais cet épisode montrait la difficulté d'un parti politique à s'ouvrir aux intellectuels qui souhaitent conserver une liberté d'expression pouvant se heurter aux contraintes inhérentes à la vie partisane. Manuel Valls comme François Hollande

36. Voir l'annexe 4.
37. Voir l'annexe 3.

furent membres du conseil d'administration de l'IRIS[38]. Ce dernier fut composé de personnalités venant des principaux bords de la vie politique qui jugeaient utile qu'un centre de recherche sur les questions stratégiques travaille en toute liberté, sans céder aux différents groupes de pression. À de nombreuses reprises, le CRIF s'est inquiété auprès de ses responsables de mon retour éventuel dans la structure du PS, y compris en 2012. Qu'il soit rassuré, je n'adhérerai plus jamais à un parti politique.

En 2011, à l'université d'été du PS, je croise Patrick Klugman qui m'apostrophe à propos de mon ouvrage Les intellectuels faussaires[39], me précisant avoir renoncé à m'attaquer en diffamation pour ce que j'avais écrit dans le chapitre sur BHL. Je lui réponds que c'est regrettable, car cela promettait d'être un procès amusant. Ancien leader de l'UEJF, Patrick Klugman est une figure de gauche du judaïsme qui, à plusieurs occasions, a évoqué ouvertement son ambition de devenir président du CRIF. Avocat, il n'a pas tout à fait la disponibilité pour s'occuper du job à temps plein d'adjoint à la mairie de Paris en charge des relations internationales et de la francophonie, mais suffisamment pour ce qui compte vraiment : la relation avec Israël.

En 2013, rencontrant David Kessler, je lui proposais de réunir un petit groupe de quinze à vingt personnes, considérées comme pro-israéliennes et propalestiniennes, bien que je trouve ces catégories artificielles et réductrices,

38. De 2007 à 2010 pour le premier et de 1998 à 2007 pour le second.

39. Pascal Boniface, *Les intellectuels faussaires. Le triomphe médiatique des experts en mensonge*, Jean-Claude Gawsewitch éditeur, Paris, 2011.

attachées à la solution à deux États. Il me répond que ce n'était pas trop de son ressort mais que l'idée était intéressante et que je devrais en parler à Klugman. Je pris contact avec ce dernier. Je lui précisais que, dans mon esprit, il s'agissait d'organiser une réunion non publique, pouvant éventuellement être suivie d'autres et dont l'objet était simplement de tracer le cadre du débat et de limiter les effets négatifs de l'importation du conflit du Proche-Orient en France. Il n'a jamais donné suite. La question du conflit israélo-palestinien a continué à être l'angle mort de la vision du PS.

En juillet 2015, Omar Sy était interrogé par la chaîne israélienne i24NEWS. L'acteur préféré des Français livrait sa vision sur un nombre important de sujets de société mais, interrogé sur le conflit israélo-palestinien, il répondait qu'il « n'avait pas assez d'infos ». Je soulignais ironiquement par un tweet que, s'il n'avait pas toutes les informations, il avait au moins « le sens du rapport de force ». J'ai été aussitôt accusé de réinventer les Protocoles des Sages de Sion et de sous-entendre que les Juifs contrôlaient le cinéma. Je n'avais évidemment rien dit ou suggéré de tel mais dressais le simple constat que même (et surtout ?) les personnalités très populaires craignent de s'exprimer sur le conflit du Proche-Orient de peur de prendre des coups. Du moins, s'exprimer en faveur des Palestiniens car aucun artiste ayant exprimé sa solidarité avec Israël n'a eu à en subir le moindre contrecoup. En revanche, prendre position en faveur du droit des Palestiniens est immédiatement présenté comme une agression à l'égard d'Israël, pour ne pas dire une preuve d'antisémitisme, ce qui conduit à un silence largement répandu. Il était difficile à Omar Sy de dresser une ode à la démocratie israélienne, ce qu'une grande partie de son public n'aurait pas compris ; il a donc préféré prudemment botter en touche. Ni plus ni moins. Les milieux artistiques qui peuvent aisément prendre position sur de nombreux sujets de société, voire internationaux (Tibet, etc.) évitent celui qui suscite le plus de passion. Ils ne veulent tout simplement pas se retrouver au milieu de violentes polémiques[40].

Patrick Klugman, se fendait d'un tweet rageur :

40. On peut noter de rares exceptions à cette pusillanimité des artistes français sur le conflit : Mélissa Theuriau fit en 2013, après une mission pour l'UNICEF à Gaza, un reportage montrant les difficultés de vie des enfants palestiniens ; François Cluzet, interpelle Jean-François Copé dans le journal télévisé de 13 heures sur France 2, le 8 novembre 2009, sur l'inaction de la France pour faire libérer Salah Hamouri.

Si quelque chose fut « dévoilée » à cette occasion, c'est plus le communautarisme de Klugman – bien qu'en fait déjà largement établi – que mon complotisme. Car, bien sûr, ce dernier estime être l'arbitre des situations et avoir le droit de distribuer les cartons.

Par un tweet, je faisais remarquer à Patrick Klugman qu'il avait comme critère de sélection de la gestion de sa délégation l'absence de critiques envers Benyamin Netanyahou. Il se déchaîna via de nombreux tweets où il écrivait entre autres amabilités, que je n'étais « pas un ami de la Palestine » mais « un anti-israélien obsessionnel ». Il me comparait à Dieudonné, m'accusait d'être financé par le Qatar... Bref, il reprenait les accusations traditionnelles de l'extrême droite pro-israélienne à mon égard et finissait par me qualifier d'imbécile. Imagine-t-on un autre élu insulter de la sorte un citoyen sans que cela suscite de réaction ? Klugman se sentait – à raison – animé par un fort sentiment d'impunité. Personne à la mairie ne lui fit de remontrance, mis à part Ian Brossat, élu communiste du XX^e^ arrondissement, qui m'apporta son soutien. Cela prouve, s'il en était besoin, que la ligne de clivage sur ce sujet n'oppose pas Juifs et non-Juifs mais Juifs universalistes comme Ian Brossat et Juifs communautaristes, comme Patrick Klugman.

Imagine-t-on un adjoint aux relations internationales attaché à la cause de la Palestine, refusant tout contact aux personnes qui y seraient insuffisamment dévouées ? Il aurait du mal à rester en poste et si, de surcroît, il s'amusait à insulter un de ses concitoyens pour ces motifs, il aurait également des problèmes, y compris judiciaires.

Au vu de nos échanges sur les réseaux sociaux, Nathalie Coste, une amie qui enseigne au lycée Saint-Exupéry à Mantes-la-Jolie, lui adressa le courrier suivant :

« À Monsieur Patrick Klugman, adjoint à la maire de Paris

« J'ai lu, silencieuse, vos échanges sur Twitter avec Pascal Boniface. Au-delà du ton brutal et grossier qui choque l'élue et la professeure que je suis, je suis particulièrement indignée par les insinuations et/ou accusations d'antisémitisme portées contre lui.

« En effet, je connais bien Pascal Boniface qui s'est engagé bénévolement depuis huit ans à nos côtés au lycée Saint-Exupéry de Mantes-la-Jolie pour soutenir les candidats de notre établissement dans leur préparation au concours d'entrée à Sciences Po dans le cadre des "conventions éducation prioritaire".

« En plus d'un soutien sincère et d'une présence constante sans médiatisation, d'un apport scientifique précieux et les multiples apports des conférences de l'IRIS, Pascal Boniface vient chaque année, à trois reprises, dans notre établissement afin de rencontrer nos élèves et répondre à leurs questions sur la géopolitique du monde actuel mais aussi sur la société française.

« Certains adolescents parfois déroutés ont, pour une minorité d'entre eux, une vision totalement partiale et partielle du conflit israélo-palestinien et une lecture seulement religieuse des troubles moyen-orientaux. À de très nombreuses reprises, je peux attester de la très grande détermination et la conviction dont Pascal Boniface a fait preuve dans ces échanges, condamnant avec force tout dérapage antisémite et revenant patiemment à un discours rationnel et historique en support à ceux que nous développons dans nos cours.

« Plus que cela en fait, comme peu d'intellectuels le font, il accepte "d'affronter" ces discours inaudibles et dérangeants pour mieux les combattre, parce qu'il faut les combattre !

« Nous, praticiens de terrain, savons que nous pouvons emporter la conviction dans ces débats sur ces sujets, non pas en vociférant par médias interposés, mais en relevant les manches et en venant rencontrer ceux qui ne sont que des adolescents en construction, parfois en forte quête identitaire et qui ont besoin de la rigueur intellectuelle DANS le dialogue, d'adultes crédibles et sincères qui ne les méprisent pas et ne les installent pas de façon péremptoire dans le rôle du sauvageon antisémite de banlieue.

« J'ai vu Pascal Boniface porter ce discours avec force auprès d'adolescents, les exhorter à ne pas tomber dans les pièges malsains de l'antisémitisme, du complotisme, du radicalisme et les invitant à la réflexion et à la connaissance en toute chose.

« Il est, avec d'autres intellectuels qui acceptent sans tapage de venir sur le terrain de notre établissement de banlieue où non tout ne va pas si mal, et où oui on enseigne normalement la Shoah, la guerre d'Algérie et les conflits moyen-orientaux, un partenaire précieux et bien éloigné de l'image que vous donnez de lui.

« Je vous remercie de donner du crédit à mes propos guidés par la sincérité et non pas par je ne sais quel esprit de polémique médiatique dont je suis bien éloignée à quelques jours de retrouver mes élèves.

« En vous souhaitant bonne réception, je vous prie d'agréer, Monsieur Klugman, l'expression de mon profond sentiment républicain et humaniste. »

Elle n'obtint jamais de réponse. Patrick Klugman est-il gêné sur le fond ? Ou a-t-il estimé que son rang le dispensait de répondre à une simple professeure de banlieue ? Sans doute un peu des deux.

Je n'étais pas invité à l'université d'été du PS de 2015 à La Rochelle. Mais j'ai été un sujet de conversation important. À une table, Jérôme Guedj et David Assouline (député et sénateur PS), Frédéric Haziza (journaliste à LCP - AN et Radio J), et quelques autres, exprimaient tout le mal qu'il fallait penser de moi, assez fortement pour que les voisins entendent. David Assouline reproche vivement au patron de Beur FM, de m'avoir invité dans l'émission d'Abdelkrim Branine pour y évoquer mon livre Les pompiers pyromanes, Nacer Kettane, n'écoutant que son courage qui ne lui disait rien, murmure de molles explications[41]. Il expliquera par la suite ne pas souhaiter se fâcher avec David Assouline dont il craint l'influence. On peut trouver pour le moins curieux qu'un parlementaire, qui a sans doute proclamé être « Charlie », reproche à un patron de radio de m'avoir invité...

41. L'émission de débats géopolitiques que je devais animer sur son antenne à la rentrée n'a jamais vu le jour.

Lors d'un échange avec David Assouline, celui-ci me reprocha d'alimenter l'antisémitisme « depuis 2001 au moins », par « mon obsession à vouloir induire que la parole anti-israélienne serait bâillonnée par le lobby ou des décideurs dominants ». Admirable logique qui revient à me demander de ne pas me plaindre des attaques dont je suis l'objet de la part de lobbys pro-israéliens afin de ne pas alimenter l'antisémitisme. Peut-être aurait-il mieux valu ne pas souhaiter me réduire au silence pour avoir osé critiquer le gouvernement israélien... En fait, inconsciemment peut-être, David Assouline et ses amis développent la même mentalité que certains militaires israéliens basés à un check point : faire ce qu'ils veulent quitte à te pourrir la vie, sans que tu t'en plaignes au risque d'empirer ta situation...

Ouarda Karrai, une militante ayant assisté à la scène, reproche son intolérance à David Assouline. Elle s'étonne par ailleurs que Caroline Fourest ait pu être invitée sans aucun contradicteur à une table ronde de l'université d'été[42]. David Assouline réplique : « Tu veux qu'elle finisse avec une balle dans la tête ? » Ouarda Karrai lui rétorque qu'au-delà de la volonté de me bannir des médias, il n'a pas réagi lorsque

42. Caroline Fourest est l'égérie du clan pro-israélien au PS. Elle ne s'exprime pas directement sur le conflit israélo-palestinien mais sa vision particulièrement falsifiée de la laïcité la pousse à attaquer très particulièrement ceux qui voudraient affirmer une identité musulmane autonome. Et elle s'attaque régulièrement avec violence à ceux qui se montrent critiques envers Israël, les assimilant à des « idiots de l'islamisme ».

j'ai été agressé ou menacé de mort. Réponse immédiate de David Assouline : « C'est bien fait pour lui. »

La vivacité du communautarisme au sein du PS semble inépuisable.

# Ils ont voté

Le risque pour une démocratie est de faire dépendre ses choix de politique extérieure de considérations de politique intérieure, généralement électorales. Cela peut éventuellement se traduire par des gestes coûteux pour les nations mais utiles pour les gouvernants, de chercher à plaire plus qu'à être efficaces. Ce raisonnement est basé sur un présupposé contestable : l'opinion ne serait pas capable de déterminer elle-même les enjeux de long terme, privilégiant systématiquement le court terme.

Je suggérais dans ma note de ne pas prendre en compte les poids des communautés pour définir la politique de la France au Proche-Orient mais celui des principes universels, comme elle le revendique en général. Comme indiqué auparavant, un des arguments avancés, notamment au PS, afin d'éviter d'être trop critique à l'égard d'Israël, était justement électoral. Il partait du présupposé que les Juifs de France voteraient avant tout pour le candidat ou le parti le plus amical envers Israël. Pourtant, la politique française, à l'égard du conflit au Proche-Orient, n'a pas toujours subi le prisme de sa politique intérieure.

En 1967, après la guerre des Six Jours, le général de Gaulle mit brutalement fin à l'alliance stratégique franco-israélienne, un des axes majeurs de la diplomatie de la IVe République. La France était le premier fournisseur d'équipements militaires d'Israël et l'avait aidé à obtenir l'arme nucléaire. Les deux pays s'étaient lancés de concert avec la Grande-Bretagne dans la catastrophique intervention de Suez de 1956. En mai 1967, avant le déclenchement de la guerre, de Gaulle déclare : « Si Israël est attaqué, nous ne le laisserons pas détruire, mais si vous attaquez, nous condamnerons votre initiative. »

Il prédisait une victoire militaire israélienne, mais, du point de vue international, des « difficultés grandissantes ». Regrettant de ne pas avoir été entendu, il ajoutait lors d'une conférence de presse en novembre 1967 : « Maintenant [Israël] organise sur des territoires qu'il a pris, l'occupation, qui ne peut aller sans agression, répression, expulsion et où s'y manifeste une résistance qu'à son tour, il qualifie de terroriste. »

De Gaulle avait opéré une rupture profonde de la politique française, contre l'avis de la majorité de la population française, à l'époque très pro-israélienne. Selon un sondage IFOP, réalisé les 5 et 6 juin 1967, 58 % des Français éprouvaient de la sympathie envers Israël (contre 8 % pour les pays arabes). Le président ne s'était bien sûr pas soucié des réactions du CRIF ou d'autres associations communautaires, d'un éventuel vote juif ou même des courants dominants dans les médias et la société française. Il avait agi en homme d'État.

La presse était tout aussi favorable à Israël. France-soir, va même attribuer, contre toute vérité, le déclenchement de la guerre à l'Égypte, avant de rectifier[43]. La littérature enfantine y va de son couplet : « Mais les Arabes ne sont pas contents. Ils attaquent les villages et les fermes. Ils veulent faire partir le petit David. Ils ne sont pas très courageux mais méchants[44] », expliquait l'ouvrage *Le Petit David ou Israël raconté aux enfants*, publié en 1969. Lors de la guerre de Kippour en 1973, Michel Jobert, ministre des Affaires étrangères, pouvait écrire : « Est-ce que tenter de remettre les pieds chez soi constitue une agression imprévue ? », déclenchant par ses propos une immense polémique médiatique.

En mars 1982, François Mitterrand qui avait, en 1967, condamné la rupture de l'alliance franco-israélienne, déclare devant la Knesset (le Parlement israélien) que les Palestiniens doivent aller au bout de leur droit, « ce qui peut, le moment venu, signifier un État ». Le discours est prononcé avant la guerre du Liban de l'été suivant, qui contribuera à dégrader l'image d'Israël en France. François Mitterrand sauvera ensuite Yasser Arafat, encerclé à Beyrouth en 1982, allant à l'encontre de l'opinion française et, plus encore, du PS globalement pro-israélien. En 1988,

---

43. Dominique Vidal, « Même de Gaulle était isolé », *Le Monde diplomatique*, juin 2007 (https://www.monde-diplomatique.fr/2007/06/BERG/14839).

44. Cité *in* Alain Gresh, Hélène Aldeguer, *Un chant d'amour : Israël-Palestine, une histoire française*, La Découverte, Paris, 2017, p. 71.

il reçoit Arafat à Paris, qui, à cette occasion, déclarera caduque la charte de l'Organisation de libération de la Palestine (OLP). Le CRIF allait fortement protester contre la venue de celui qu'il considérait comme un terroriste, ce à quoi François Mitterrand répliqua qu'il entendait « faire la politique de la France et non celle d'une communauté ». Le 11 mai 1988, recevant les représentants du CRIF, il leur déclare : « Vous venez me voir en tant que citoyens français. Eh bien, les Juifs voteront comme ils voudront. J'ai bien vu qu'il y avait une réaction défavorable à moi et à la politique que je mène. Vous ferez comme vous voudrez. Laissez-moi vous dire que cela n'a aucune importance, la France c'est autre chose. Cela comprend beaucoup d'autres parties que la communauté juive[45]. »

Le Premier ministre, Jacques Chirac, devant se rendre au dîner du CRIF, reçut le discours qu'entendait prononcer le président de l'organisation. Or, ce discours contenait des passages très critiques de la diplomatie française, concernant le conflit israélo-palestinien. Jacques Chirac protesta et menaça de ne pas se rendre au dîner. Le président du CRIF accepta de modifier ses propos afin de les rendre moins abrasifs.

Au cours de la campagne pour les élections de 2012, François Hollande avait pris l'engagement de reconnaître la Palestine. Le CRIF avait mené une bataille contre lui et en faveur de Nicolas Sarkozy. Ce dernier fut néanmoins battu.

45. Cité *in* Pierre Péan, *Dernières volontés, derniers combats, dernières souffrances*, Plon, Paris, 2002.

Mais, dès son premier discours devant les ambassadeurs en août 2012, François Hollande corrigeait de sa main le texte préparé par Paul-Jean Ortiz, son conseiller diplomatique, pour une formule plus en retrait, plus en retrait aussi des paroles prononcées les années précédentes par Nicolas Sarkozy.

En février 2017, François Hollande se rendait comme chaque année au dîner du CRIF, où, depuis Nicolas Sarkozy, le président prononce un discours au lieu du Premier ministre[46]. Le ministre des Affaires étrangères, Jean-Marc Ayrault, n'avait pas été invité, « puni » d'avoir organisé la conférence pour la paix au Proche-Orient à Paris, le 15 janvier 2017. À l'Élysée, comme au gouvernement, cela ne suscita aucun émoi. François Hollande n'a pas tenu sa promesse électorale de reconnaître l'État de Palestine. On aurait pu penser que la voie de la négociation ayant été vainement poussée à son maximum, le président français, qui ne se portait pas candidat à sa réélection, respecterait sa promesse de se (re)mettre en phase avec la politique étrangère de la V^e^ République et s'exprimerait au nom de la France en faveur du droit des peuples à disposer d'eux-mêmes et du droit international. Que nenni ! À la lecture de son discours, on comprend que, pour plaire à son auditoire, le président reprend les arguments de l'hôte. Aucun journaliste n'a jamais pris la peine d'interroger François Hollande sur les raisons de son revirement. Il ne peut s'expliquer que par la

46. Qui accompagne le président à ce dîner, de même que la quasi-totalité des ministres.

crainte de voir une campagne lancée contre lui et la France pour antisémitisme.

François Hollande avait pourtant été élu contre les instances communautaires officielles, ce qui prouve qu'on peut gagner l'élection présidentielle malgré leur hostilité. Emmanuel Macron, élu en mai 2017 à la présidence française, s'est référé à de nombreuses reprises au cours de la campagne électorale au gaullo-mitterrandisme. Mais il a annoncé ne pas reconnaître la Palestine (au moins n'a-t-il pas à trahir un engagement par la suite) et s'est prononcé contre le mouvement Boycott Désinvestissement Sanctions (BDS), qui préconise, sous diverses formes, de sanctionner Israël tant qu'il n'y a pas de recherche véritable d'une paix juste. Des candidats aux élections législatives de 2017, issus du mouvement En marche !, furent désinvestis après les protestations du CRIF ou de la Ligue internationale contre le racisme et l'antisémitisme (LICRA), leurs positions prises dans le passé ayant été jugées trop critiques à l'égard d'Israël. Manifestement, Macron n'a pas voulu braquer le CRIF avant des échéances électorales. Devenu président, son attitude ne semble pas évoluer.

À la rentrée 2014, je suis contacté par la bibliothèque municipale des Lilas pour y faire une conférence au printemps sur « Les conflits dans le monde ». Il est toujours intéressant de donner une conférence en banlieue et d'écouter les réactions du public. Après une légère hésitation, due à la crainte de surcharger mon agenda, j'acceptais donc. Quelques jours avant la conférence, je reprends contact avec les services pour connaître les conditions logistiques. On me précise alors que, du fait des élections départementales à venir, la salle n'est plus disponible et la conférence reportée. Dans un premier temps, je m'en réjouis. En effet, je ne suis pas en manque de conférences et bloquer mon agenda en fin de soirée n'est pas toujours une perspective plaisante. Cela étant, il est aussi indispensable de remplir sa fonction de pédagogue. Mais l'explication ne me paraît pas tout à fait sincère. Je téléphone donc à mon contact qui, très gêné, botte en touche. Il m'explique que, peut-être, puisqu'il y a un service commun des bibliothèques de la région, je pourrais faire ma conférence à Bagnolet par la suite. Je suis de plus en plus intrigué. Je commence à me renseigner. Je finis par comprendre que le maire des Lilas, Daniel Guiraud, qui se présente aux élections départementales, a demandé que la conférence n'ait pas lieu après avoir été saisi par deux associations communautaires juives. L'esprit d'ouverture du maire, sans doute très « Charlie », est apparemment limité ; en réalité, M. Guiraud a fait preuve d'une veulerie peu commune. Et surtout, comment comprendre qu'une conférence devant une centaine de personnes, qui ne porte pas principalement sur le conflit au Proche-Orient – à l'époque c'était plutôt l'Ukraine qui occupait les esprits – puisse paraître à ce point dangereuse qu'un édile l'empêche, au grand dam des responsables de la bibliothèque, parce que cela peut gêner deux associations communautaires. Qui, dans ce cas, se prête au communautarisme ? Qui confère aux organisations juives un pouvoir tel qu'il faut immédiatement se plier à leur demande ? M. Guiraud a plié lui aussi, et il l'a bien sûr fait dans une optique électoraliste.

Lorsque des élus, de la ville de Paris, peu importe leur couleur politique, émettent un vœu pour condamner la campagne BDS en reprenant l'argumentaire fourni par le CRIF, n'agissent-ils pas en fonction du poids électoral supposé de la communauté juive, censée constituer un bloc de soutien au gouvernement israélien ? Lorsque Christian Estrosi, Éric Ciotti, Claude Goasguen ou Jean-Marie Le Guen multiplient les déclarations énamourées à l'égard d'Israël, est-ce à la suite d'une réflexion stratégique de longue durée ou de calculs électoraux immédiats ? Et on pourrait multiplier les exemples. Le paradoxe de la problématique du vote juif tient au fait qu'il est à la fois nié et surestimé, pris en considération dans la pratique (notamment lors des campagnes électorales)[47] sans jamais être évoqué publiquement. Par contre, un candidat qui prend parti pour la reconnaissance de la Palestine est immédiatement dénoncé comme étant à la recherche d'un vote communautaire arabe, quand bien même il ne ferait que reprendre une position conforme au droit international.

Il est parfois dit que le poids des Juifs est limité électoralement et sans commune mesure au sein de la société et des médias. C'est le fameux « lobby juif » qui tirerait les ficelles en France, de façon plus ou moins clandestine. Discuter

47. Laurent Binet, dans son ouvrage *Rien ne se passe comme prévu* (Grasset, 2012) raconte l'intérieur de la campagne électorale de François Hollande en 2012. Il explique notamment que François Hollande avait accepté un déjeuner avec BHL « parce qu'il est prescripteur chez les Juifs » (*sic*).

de l'existence d'un tel lobby relève-t-il de l'antisémitisme ? Aux États-Unis, la réponse serait négative, en France elle est affirmative. Les États-Unis reconnaissent officiellement les lobbys, la France non. Ce qui ne les empêche pas d'exister. On peut parler sans aucun problème du lobby agricole, des enseignants, des chauffeurs de taxi, de l'automobile, du vin, etc., sans que cela ne pose aucun problème. Cela s'explique notamment par le fait que, dans un passé proche, les antisémites ont recouru, jusqu'à la nausée, à la dénonciation d'un « lobby juif » qui contrôlerait la France ou tenterait de le faire. Parler d'un « lobby juif » est en fait un raccourci, une commodité de langage pour certains et le masque de l'antisémitisme pour d'autres. Lorsque je me retrouve confronté à cette question, je ne cesse d'expliquer qu'il n'y a pas de « lobby juif », simplement parce que les Juifs français ont des positions diverses, y compris sur le conflit israélo-palestinien. À la suite de ma note initiale, j'ai constaté une diversité d'appréciation des Juifs sur ce sujet que mes contempteurs ont bien sûr ignorée. Il y avait autant de Juifs parmi ceux qui m'ont attaqué que parmi ceux qui se sont portés à mes côtés. Les institutions communautaires juives françaises exercent une double injonction : demander à leurs compatriotes juifs d'exercer une solidarité sans faille avec Israël tout en s'insurgeant qu'on puisse assimiler Juifs et Israéliens.

Les associations de solidarité avec la Palestine comptent de nombreux Juifs. S'il n'y a pas à proprement parler de « lobby juif », il y a par contre un lobby pro-israélien dont la mission est de faire échapper à toute critique le gouvernement israélien quel que soit son comportement. Ce lobby est très divers puisque du côté des institutions juives françaises, il y a des personnalités de tous horizons. Certaines sont juives, d'autres ne le sont pas. D'autres encore estiment qu'Israël est une nation appartenant au camp occidental, faisant face à l'hostilité du monde musulman. Certains peuvent être juifs, d'autres peuvent avoir dans leur cercle familial des Juifs, quand d'autres réagissent aux tourments qu'a connus ce peuple dans l'histoire. Enfin, certains, à la limite du raisonnement antisémite, pensent qu'il vaut mieux être du côté du pouvoir et donc des Juifs, pratiquant ainsi mentalement l'amalgame qu'ils dénoncent publiquement. Il y a des antisémites sionistes qui préfèrent voir les Juifs là-bas plutôt qu'ici ou qui détestent encore plus les Arabes que les Juifs. Ces antisémites sionistes sont admiratifs du sort que les Juifs réservent aux Arabes.

La confusion entre antisémitisme, antisionisme et critique du gouvernement israélien ne provient pas d'une erreur de jugement : c'est une stratégie réfléchie. Elle consiste tout simplement à interdire, par la voie de la culpabilisation ou de la menace, toute critique du gouvernement israélien, assimilée à une opposition à l'existence même de l'État juif ou à la haine des Juifs eux-mêmes. À la première réflexion, cette assimilation ne résiste pas. Critiquer Vladimir Poutine, Donald Trump, Xi Jinping, n'entraîne pas le risque d'être considéré comme haineux à l'égard des États-Unis ou des Américains, ou d'avoir un mépris raciste pour les Russes ou les Chinois. Dans le premier cas même, une critique sera souvent considérée comme une adhésion aux vraies valeurs de l'Amérique trahie par Trump. Donc critiquer un gouvernement n'équivaut pas à s'opposer à l'État qu'il dirige.

Antisémitisme et antisionisme sont également différents : le premier est la haine du peuple juif ou des Juifs quand le second est le refus de voir les Juifs disposer d'un État. Or, historiquement, de nombreux Juifs étaient antisionistes pour des raisons religieuses, parce qu'ils estimaient que créer un État pour les Juifs était contraire à la volonté de Dieu[48] ou parce que leurs convictions de gauche recommandaient une transformation sociale et politique dans le pays où ils étaient et qu'ils ne se définissaient pas avant tout comme Juifs[49].

Manuel Valls a largement conforté les institutions juives en reprenant à son compte cette assimilation entre antisionisme, antisémitisme et critique du gouvernement israélien, notamment durant le bombardement de Gaza en 2014. Ce fut un succès politique important pour les institutions juives de voir le Premier ministre de la République française reprendre presque mot pour mot leur argumentation. On peut craindre que cela ait contribué à un « enfermement politique ». Théo Klein estimait que les

48. Voir Yakov M. Rabkin, *Au nom de la Torah. Une histoire de l'opposition juive au sionisme*, Presses de l'université Laval, Québec (Canada), 2004 ; voir également Yakov M. Rabkin, « L'opposition juive au sionisme », *La Revue internationale et stratégique*, 2004/4 (n° 56). p. 17-23.

49. Dominique Natanson, « Après la déclaration Balfour, l'antisionisme du Bund polonais dans l'entre-deux guerres », 15 juillet 2017, à lire sur le site de l'Union juive française pour la paix (UJPF), à l'adresse : http://www.ujfp.org/spip.php?article5743.

événements au Proche-Orient ont provoqué un sentiment d'angoisse et le désir de manifester une solidarité sans faille à Israël : « Je crains un complexe du ghetto. Cette idée que le monde extérieur nous est hostile. Dès l'instant où on voit de l'hostilité partout, on crée cette hostilité[50]. »

50. *Le Monde*, 4 décembre 2001.

# À VENDRE

En mars 2003, avant le déclenchement de la guerre d'Irak, le site Proche-Orient.info consacrait un article sur « la tournée des pays arabes : Qatar, Émirats arabes unis, Iran, Syrie » que j'étais supposé avoir effectuée en quelques semaines avec « une frénésie hallucinante ». Je m'étais en effet rendu en janvier 2002 et février 2003 aux Émirats arabes unis, l'un de ces voyages à l'invitation de l'ambassade de France, ainsi qu'en Iran en mars 2003. en revanche, je n'étais pas allé ni en Syrie ni au Qatar. Difficile de parler de « frénésie ». Il ne semblait pas tout à fait anormal à l'aune de la guerre d'Irak de se rendre dans les pays du Golfe - pour des raisons professionnelles, je me rends souvent par ailleurs dans toutes les régions du monde. L'article poursuivait en indiquant que, « de source diplomatique, on a appris que le sieur Boniface était tout simplement motivé par la collecte de quelques deniers et appuis moyen-orientaux pour permettre à son officine de survivre à l'arrivée de la droite au pouvoir ». Reproche assez cocasse quand on sait que Proche-Orient.info était en fait financé par des ardents défenseurs d'Israël et n'a jamais atteint l'équilibre économique.

L'article continuait : « Le laboratoire de recherche révisionniste de Boniface doit trouver de nouveaux financements pour développer ses activités. »

Le délire ne s'arrêtait pas là : « Le staff de l'IRIS a tout simplement compris que l'or noir des pays du Golfe serait un moyen utile de faire face à l'avenir. Tout cela bien entendu en jouant de plus les intermédiaires des riches entreprises françaises d'armement pour faire avancer certains contrats juteux d'équipement de pays arabes qui n'ont qu'une seule envie : abattre Israël. Il en est à ne pas douter que notre "Sirven de la stratégie[51]" aura des comptes à rendre un jour ou l'autre au camp de la paix et certainement aux juges de la nouvelle Cour pénale internationale. »

Me voilà donc à la tête d'un institut révisionniste, marchand d'armes menacé d'être déféré devant la CPI ! Du pur délire ! Mais qui circulait largement...

De juillet 2001 à mars 2003, je me suis donc rendu à deux reprises aux Émirats arabes unis et une fois en Iran. Jamais en Syrie ou au Qatar, comme l'indiquait Élisabeth Schemla. Mais, sur la même période, je me suis rendu huit fois en Belgique, six fois en Suisse, trois fois en Allemagne et autant en Russie et en Espagne, une fois

51. En référence à Alfred Sirven, mis en cause dans le scandale Elf.

à Taïwan, en Grèce, au Royaume-Uni, au Portugal, aux États-Unis, à Cuba, à Monaco, en Corée du Sud, en Inde, au Mali et au Maroc. Le moins qu'on puisse dire est que mon « tropisme » pour les pays du Golfe est assez limité et n'a rien de frénétique.

Mais cet article fielleux, mensonger, délirant et calomniateur n'allait pas être isolé.

Ces attaques reprenaient, en le développant, un argument déjà entendu : « payé par les Arabes ». Les Arabes, surtout du Golfe, sont riches et ont donc les moyens de se payer qui ils veulent. L'argument a quelque chose de rassurant. Si je critique le gouvernement israélien, cela ne peut être à la suite d'un raisonnement ou d'une analyse, mais parce que je suis payé pour. Cela évite de se remettre en cause et permet une confortable détestation. Jamais loin, Frédéric Encel reprenait évidemment les attaques, sur le site Proche-Orient.info. En août 2004, il y évoque mon « aversion pour le sionisme et Israël » qui s'expliquerait, selon lui, par « ma proximité avec les pétromonarchies du Golfe ». Lorsque je m'opposais à la guerre d'Irak en 2003, j'eus droit cette fois à l'accusation d'être « payé par Saddam ». À partir de 2010, comme je ne jugeais pas illégitime l'obtention de la Coupe du monde par le Qatar, pas plus que la visite de l'émir de ce pays à Gaza en 2009 pour y annoncer son aide dans la reconstruction du territoire détruit par une guerre menée par Israël, je fus accusé d'être payé par le Qatar. S'il est vrai que ce dernier a pu se montrer généreux avec certains, je n'en fis pas partie. D'ailleurs, curieusement, de nombreuses personnes citées dans l'ouvrage de Chesnot et Malbrunot[52] n'ont jamais été inquiétées... Il est vrai que celles-ci se sont toujours exprimées en faveur de la politique israélienne. Mais, la rumeur, à force d'être répétée - bien que j'aie critiqué le système de la kafala, le sort des émigrés, l'emprisonnement d'un poète -, est devenue, pour certains, certitude.. Le plus risible dans cette argumentation calomnieuse, c'est qu'elle est souvent relayée par des personnes qui, elles, sont des agents d'influence d'Israël et doivent en partie leur carrière à ce statut[53].

Cette accusation d'être payé par les Arabes est ironique à plus d'un titre. D'abord, parce qu'elle est doublement fausse. Non seulement, je n'ai pas été payé par les Arabes mais, au contraire, j'ai payé le fait d'avoir soutenu une cause uniquement par conviction. Soutenir, en fonction du rapport de force dans les sociétés occidentales en général, française en particulier, le droit des Palestiniens à disposer d'eux-mêmes ne rapporte rien mais, bien au contraire, coûte beaucoup, personnellement et professionnellement. Et j'ai payé un double prix en tant qu'individu et en tant que fondateur et directeur de l'IRIS puisque non seulement ma personne a été attaquée, mais également l'institut. Si je n'avais été qu'un « simple » universitaire,

52. Christian Chesnot, Georges Malbrunot, *Nos très chers émirs*, Michel Lafon, Paris, 2016.
53. Frédéric Encel, par exemple, n'a pas de sources officielles stables de revenus. Les multiples titres universitaires qu'il met en avant ne correspondent qu'à quelques heures de cours par an et ne permettent pas de vivre. Cela n'éveille pas la curiosité.

le prix aurait été moins lourd. Ensuite, dans la mesure où, très souvent, ceux qui m'accusent de prendre des positions par intérêt organisent eux-mêmes leur carrière par leur positionnement en faveur d'Israël, ce qui leur assure au moins le soutien des institutions communautaires, et parfois même des « stimulants matériels ». Enfin, par le fait de prendre part pour une cause qui devient de plus en plus difficile à défendre : on peut, en effet, se demander si aujourd'hui la solution à deux États est encore possible car les dissensions des représentants du peuple palestinien, entre une pratique pour le moins clientéliste de l'Autorité palestinienne et le caractère répressif du Hamas, sont problématiques.

Le lobby propalestinien est en fait inexistant. Quiconque critique l'Autorité palestinienne ne risque absolument rien. Qui a eu des soucis professionnels pour avoir critiqué Yasser Arafat, Mahmoud Abbas ou le Hamas ? Personne ! On peut même faire des déclarations allègrement racistes à l'encontre des Arabes ou des musulmans et passer à travers les gouttes. Si un partisan d'Israël est attaqué, même pour des faits qui n'ont rien à voir avec le conflit au Proche-Orient, il sera défendu. On fera savoir que la communauté est inquiète.

Lorsque j'ai été personnellement attaqué ou que l'IRIS a failli disparaître, j'ai évidemment reçu des signes de solidarité de la délégation palestinienne. Mais elle n'était pas en mesure de protester auprès des autorités de l'État et encore moins auprès des médias qui me mettaient en cause. L'infériorité de poids est intériorisée.

Si des peuples arabes solidaires avec la cause palestinienne sont reconnaissants envers les experts occidentaux qui osent s'exprimer sans crainte sur le sujet, les gouvernements arabes, malgré des concerts de déclaration de solidarité, se sentent en réalité peu concernés par la cause palestinienne. La Palestine est un pays occupé qui a organisé des élections libres bien avant les « Printemps arabes », ce qui gênait les régimes arabes monarchiques ou républicains autoritaires. La solidarité entre les pays arabes est plus un slogan qu'une réalité. Et la solidarité des régimes arabes pour un intellectuel occidental qui aurait des ennuis pour s'être exprimé sur le sujet est une fiction.

En 2014, François Hollande devait effectuer un déplacement en Israël et en Palestine. L'exécutif français veille désormais à ne pas aller en Israël sans effectuer au moins un crochet en Palestine, afin de montrer l'égalité de traitement. Mais c'est de façon purement optique. Lorsque le chef de l'État se déplace, il y a toujours une délégation d'invités. L'Élysée avait demandé à l'ambassade de l'Autorité palestinienne et au CRIF (un véritable parallélisme aurait voulu que l'on s'adressât à l'ambassade d'Israël mais sans doute pensait-on à l'Élysée que cela revenait au même) de dresser une liste de personnes susceptibles d'accompagner le chef de l'État. L'ambassade de l'Autorité palestinienne me consulta pour savoir si j'étais intéressé et je répondis positivement en me préparant à aménager mon agenda. Cela ne fut pas nécessaire. J'ai été jugé trop répulsif par le CRIF sans que je puisse savoir si le fait d'avoir été rayé de la liste provenait d'une autocensure de l'Élysée ou d'un veto du CRIF. Il ne viendrait pas à l'esprit d'un responsable de l'Élysée de veiller à ne pas mettre dans la délégation quelqu'un qui aurait pu irriter les Palestiniens. Il ne viendrait pas plus à l'idée de l'ambassadeur de l'Autorité palestinienne à Paris d'oser émettre un veto à l'égard d'un membre du CRIF, fut-il le plus excessif dans son expression sur le conflit.

En novembre 2015, Mahmoud Abbas doit être reçu à l'Hôtel de Ville à Paris afin d'y être fait citoyen d'honneur. Comme c'est l'usage, le protocole de la mairie de Paris demande à l'ambassade de l'Autorité palestinienne de dresser une liste d'invités pouvant assister à la cérémonie. J'y figure mais apprends que Patrick Klugman a décidé de m'en rayer. Non seulement, personne à la mairie de Paris ne s'est opposé à ce veto, mais pire encore, la délégation palestinienne n'a pas exigé que je sois maintenu sur la liste d'invités. Je ne cours pas après les cocktails et les réceptions dont j'ai largement mon compte mais il s'agissait là d'une question de principe. Sans doute la mairie de Paris n'aurait pas osé prendre une telle décision lorsque Leïla Shahid était ambassadrice. Toujours est-il que l'ambassadeur mit son mouchoir dans sa poche. Je ne peux pas imaginer un cas où, pour une réception dont le CRIF dresse une liste d'invités, un élu raye un des noms sous prétexte que l'invité aurait émis des critiques jugées excessives envers l'Autorité palestinienne. S'il essayait, il serait démis dans l'heure.

Il n'y a pas de réel lobby propalestinien ou proarabe. En tous les cas, pas en mesure de contrebalancer le lobby pro-israélien.

Les médias français ont publié en boucle des dossiers sur les réseaux russes en France et la façon dont des responsables politiques ou des experts relaieraient les thèses russes, via des médias comme Russia Today ou Sputnik. Ils amalgamaient ainsi ceux qui ont une vision gaullo-mitterrandiste des affaires internationales, ceux qui admirent le pouvoir fort de Vladimir Poutine et ceux supposés être des agents stipendiés. Ces réseaux russes existent bien mais leur influence sur la vie politique intellectuelle en France est marginale. Cela n'a rien à voir avec le réseau américain : fondations, poids de l'OTAN, universités, etc. Aucun journal n'a osé enquêter sur les réseaux israéliens en France. Ils sont pourtant largement plus puissants et influents. Taper sur Vladimir Poutine n'a jamais causé de problèmes, du moins en France. Aucune chance qu'un centre de recherche français soit menacé de fermeture, qu'un intellectuel soit attaqué ou qu'il y ait des tentatives de le réduire au silence pour avoir critiqué Vladimir Poutine. Il connaîtra au contraire son heure de gloire médiatique. Son « courage » sera salué.

S'attaquer à Benyamin Netanyahou est une autre paire de manches. C'est là qu'on voit la véritable puissance des réseaux : si forts qu'on n'ose pas les évoquer. On risque d'attendre assez longtemps avant que les médias ayant publié moult articles et dossiers sur les réseaux russes en France en fassent de même sur les réseaux israéliens. Ils sont pourtant largement plus développés... C'est sans doute la raison de ce silence assourdissant.

# Je parle à n'importe qui

Ma ligne de conduite a toujours été constante : privilégier le débat, l'accepter, y compris avec mes contradicteurs, quand bien même ils ont pu m'insulter par le passé. Se prononcer pour la paix entre Israéliens et Palestiniens et être incapable de dialoguer avec celui qui est ou fut éventuellement votre adversaire dans le débat public est antinomique. C'est dans cet esprit que j'ai invité Élie Barnavi à l'IEP de Lille, juste après l'attaque lancée à mon encontre, et que j'ai toujours maintenu ma porte ouverte aux débats. Par ailleurs, cela a toujours été l'ADN de l'IRIS, où les débats sont contradictoires et les personnalités invitées d'opinions différentes (à l'image de son conseil d'administration). Ce sont plutôt les restrictions pouvant peser sur les débats et l'entre-soi que je fuis. Je réalisais, pour la revue de l'IRIS, un entretien avec Shmuel Trigano, fondateur de l'Observatoire du monde juif, qui faisait partie de ceux qui m'avaient durement traité et qui se révélait être un farouche critique des opposants au gouvernement israélien[54]. C'est dans cet esprit que j'ai également conduit un entretien avec le successeur d'Élie Barnavi, Nissim Zvili[55], puis que je l'ai convié à une conférence à l'IRIS, le 18 janvier 2005. Celui-ci, véritable homme de paix aux convictions sincères, accepta. Cela me valut quelques critiques de radicaux propalestiniens estimant que je me « couchais » devant l'oppresseur. Pourtant, je ne faisais que rester fidèle à ma ligne. On ne peut pas revendiquer une solution à deux États et refuser tout contact avec les Israéliens engagés en faveur de la paix. Par la suite, Nissim Zvili m'invita à une réception organisée par l'ambassade d'Israël à l'occasion de la fête nationale israélienne, ce que j'acceptai avec plaisir. Certains invités furent sidérés, voire ulcérés, de m'y voir.

Le 20 juin 2005, l'IRIS a organisé un débat sur le conflit au Proche-Orient à la mairie du XIe arrondissement avec un panel de participants, large et ouvert. À l'été 2005, le n° 58 de *La Revue internationale et stratégique*, intitulé « La société française et le conflit israélo-palestinien » était consacré à ce thème. Des responsables politiques et intellectuels de tous horizons et aux opinions contradictoires s'y exprimaient librement, ainsi que Leïla Shahid et Nissim Zvili.

54. Shmuel Trigano, « Israël et la France face à la nation », *La Revue internationale et stratégique*, 2002/3 (n° 47). p. 11-22. Théo Klein, ancien président du CRIF, s'est également exprimé dans ce numéro (p. 23-26) à propos de son livre *Le manifeste d'un juif libre*, Liana Levi, Paris, 2002.
55. Nissim Zvili, « Renouer avec une volonté de paix », *La Revue internationale et stratégique*, 2004/2 (n° 54), p. 11-19.

À l'été 2005, François Bayrou m'invita à l'université d'été de l'UDF, le parti centriste qu'il présidait, pour débattre de la situation au Proche-Orient avec Rudy Salles, député et président du groupe d'amitié France-Israël. Un esprit d'ouverture dont les autres formations politiques ne me semblaient pas capables...

Ma conviction était qu'il fallait absolument préserver l'espace de débat sur ce sujet en raison justement de sa gravité. Permettre à ceux qui ne partageaient pas le même point de vue de s'exprimer librement plutôt que se battre contre les tentatives de censure, d'autocensure, d'exclusion, d'invectives et de complotisme. Lorsque le débat est peu ou prou interdit ou empêché, il a lieu de façon souterraine et malsaine ou cède la place à la violence. J'avais, en mars 2002, publié un article sur ce thème dans *Libération* avec mon collègue Bertrand Badie[56].

J'ai également réalisé deux livres de débats : l'un avec Élisabeth Schemla, l'autre avec Gilles-William Goldnadel. Ces deux expériences furent fortement différentes.

Dans le premier cas, j'étais à l'initiative du projet : j'avais en effet proposé un ouvrage d'entretiens à Élisabeth Schemla à l'issue du colloque que l'IRIS avait organisé à la mairie du XI^e^ arrondissement, ce qu'elle avait tout de suite accepté. Passant pour une femme de gauche, son attachement à Israël constituait sa boussole. Dotée d'un tempérament que beaucoup reconnaissaient comme impulsif et volcanique,

---

56. http://www.liberation.fr/tribune/2002/03/13/le-debat-pas-l-invective_396808

elle m'avait attaqué avec constance, n'hésitant pas à répandre de fausses nouvelles, portée par un élan parfois calomnieux. Dotée par ailleurs d'un réel talent dans l'écriture et la réflexion, elle bénéficiait de solides connaissances. Si elle avait, à mon sens, parfois dépassé les limites du débat contradictoire, elle avait également accepté d'échanger avec moi lors de débats parfois vifs mais respectueux. J'acceptais de réaliser cet ouvrage chez son éditeur, Flammarion. La perspective était assez réjouissante intellectuellement. Elle eut parfois la tentation de me pousser à modifier mes positions ou d'en prendre certaines en échange de la poursuite de notre dialogue, exigeant que je condamne tel propos ou telle déclaration ou que j'en approuve une autre. Je n'accédai pas à ses demandes et n'exigeai rien de sa part. Ces échanges, la plupart du temps intellectuellement agréables, eurent le mérite d'approfondir ma réflexion. Mais la conclusion de l'ouvrage engendra une crise, lorsqu'elle me demanda de désavouer publiquement ma note de 2001. Je refusai. Dans ces conditions, elle m'expliqua ne pouvoir cosigner cet ouvrage. Je ne cédai pas. Je me réjouis encore de l'avoir laissée choisir son propre éditeur qui trouva les arguments pour la convaincre de la nécessité de publier l'ouvrage. Elle fut cependant lâchée par ses sponsors au moment de la sortie du livre et son site Proche-Orient.info disparut au même moment. Nous fîmes cependant quelques débats ensemble.

Je n'aurais jamais pris l'initiative de proposer d'écrire un livre-débat avec Me Goldnadel. Son attachement inconditionnel à Israël n'a d'équivalent que son ancrage à droite[57]. Il avait été l'un des premiers à demander ma tête dans un courrier adressé à Serge Weinberg et, depuis, me paraissait plus entretenir la polémique que le débat. Je fus invité à ma grande surprise par une radio communautaire. L'animateur de l'émission, David Reinharc, m'expliqua qu'il venait de monter une petite maison d'édition et qu'il avait à cœur de maintenir des liens entre ceux qui étaient opposés sur la question du Proche-Orient. C'était un faucon devenu colombe et il était, en tout les cas, sympathique. Il me demanda mon accord de principe pour réaliser un livre d'entretiens avec quelqu'un qui serait à l'opposé de mes convictions. Ce à quoi je lui répondis qu'il s'agissait là de ma ligne de conduite générale et que le principe me convenait, même si j'avais des interrogations sur la solidité de sa maison d'édition. Lorsqu'il me proposa de faire ce livre avec Me Goldnadel, ma réticence augmenta. Le jeu en valait-il la chandelle ? N'allions-nous pas sombrer dans la polémique agressive et stérile au lieu d'une confrontation d'idées ? Mais refuser aurait été contraire à mes principes et il fallait au moins tenter l'expérience. Je dois avouer que

57. Au sein du CRIF, Patrick Klugman et Gilles-William Goldnadel sont opposés : l'un à gauche, l'autre à droite. Dans cette lutte interne, jouant sur le côté répulsif que je suis censé avoir pour une partie des membres du CRIF, le premier trouve habile d'apostropher le second en déclarant que, lui, il n'aurait pas partagé ses droits d'auteur avec Pascal Boniface (en référence au livre-débat - *Sans concessions*, éd. David Reinharc, 2010 - que nous avions fait en commun). Pas très digne comme procédé. Avec Gilles-William Goldnadel, nous avons eu une opposition claire, franche et nette, à l'opposé de ce type de méthode sournoise.

Gilles-William Goldnadel fut tout à fait correct. Personne n'a voulu prendre l'ascendant sur l'autre. Chacun était ponctuel aux rendez-vous, qui se faisaient alternativement dans le bureau de l'un ou de l'autre. Nos désaccords, francs, sincères, parfois virils, demeuraient toujours corrects. Nous avions des visions diamétralement opposées des événements là-bas et des répercussions ici, mais tout ceci s'est fait dans une extrême clarté. Par ailleurs, je ne pouvais pas trouver totalement mauvais quelqu'un qui appréciait Léo Ferré. L'écho du livre fut décevant car la maison d'édition traversait une passe très difficile et n'a pu assumer la promotion commerciale et médiatique dans des conditions correctes. Mais ces échanges m'ont laissé de bons souvenirs et, une fois encore, correspondaient à la vision que j'avais de ce que devait être un débat démocratique sur ces sujets[58].

À la suite des attentats de Londres en 2005, j'écrivis un article dans lequel j'expliquais sommairement qu'il fallait non seulement s'attaquer aux effets du terrorisme mais également à ses causes et que la guerre d'Irak, loin d'avoir abattu le terrorisme, l'avait au contraire nourri. Marc Knobel et Richard Prasquier, deux responsables du CRIF, m'accusèrent de cultiver à la fois le syndrome munichois et celui de Stockholm. Comme je connaissais M. Knobel, j'exprimais mon désaccord avec son interprétation. Il me proposa une rencontre avec Richard Prasquier qui eut lieu autour d'un

58. Élisabeth Schemla me reprocha, dans un message assassin, de multiplier les débats avec des contradicteurs juifs.

déjeuner constructif, prouvant qu'il est possible d'évoquer nos divergences dans le calme. Richard Prasquier fut par la suite élu à la présidence du CRIF et accepta mon invitation à un colloque sur le rayonnement de la France et la diversité que l'IRIS avait organisé fin 2008[59]. Par la suite, du fait de la dégradation de la situation au Proche-Orient et pour ne pas mécontenter la frange radicalisée de plus en plus nombreuse du CRIF, il mit fin à ces fréquentations. Roger Cukierman, qui l'avait précédé et qui lui a succédé à la tête du CRIF, ne m'avait pas épargné au cours de son premier mandat. Lorsqu'il publia son livre *Ni fiers ni dominateurs*, il reprit l'accusation rituelle : j'aurais recommandé une position propalestinienne parce qu'il y avait plus d'Arabes que de Juifs. Je pris contact avec lui pour protester une énième fois contre cette accusation. À ma grande surprise, il accepta le contact et me rendit visite à l'IRIS. Nous eûmes alors un entretien, publié dans le n° 72 de la revue de l'IRIS, et sommes restés en contact courtois. Nous avons même déjeuné en tête à tête deux fois de façon très agréable, dans le respect mutuel de nos différences. Suite à une nouvelle dégradation du climat, avec mon collègue Jean-Paul Chagnollaud, nous sollicitions un rendez-vous, dans une lettre où nous reconnaissions les difficultés que créait en France le débat sur la question du conflit israélo-palestinien et exprimions notre souhait d'en limiter les dérives. À notre grande surprise, il accepta et nous nous rendîmes au siège du CRIF pour avoir une discussion

59. « La diversité, un atout pour la France », *La Revue internationale et stratégique*, 2009/1 (n° 73).

qui mettrait en avant des divergences mais qui montrerait également une volonté de dialogue. Nous en sommes sortis plutôt satisfaits. Sur le chemin du retour, j'entendis des sirènes hurler. C'était le 7 janvier 2015, le rendez-vous avait été fixé à 11 heures. Nous entrions alors dans un climat tout à fait différent.

Les responsables institutionnels, au-delà de leurs propres convictions, sont souvent amenés à tenir compte des opinions de la frange la plus radicalisée de leur base. Celle-ci, chauffée à blanc, se livre à des surenchères. J'ai entendu cette réflexion de façon récurrente de leur part et cela se confirme dans leur attitude. Les Juifs de France (à l'image des Israéliens) penchent de plus en plus à droite mais, plus encore que cette mutation politique, se radicalisent, ont peur pour leur sécurité et leur avenir en France. Le repli communautaire devient une réalité. Un cercle vicieux se met alors en place. Les instances communautaires et les intellectuels organiques de la communauté ne cessent de dénoncer la montée de l'antisémitisme, à la fois parce qu'ils en sont persuadés et par volonté d'utiliser ce moyen pour protéger Israël. Ils augmentent la peur chez de nombreux Juifs qui font de moins en moins confiance à ceux qui ne reprennent pas entièrement leurs arguments. Cette stratégie fut efficace pour que la France devienne moins active sur la question de la paix entre Israël et la Palestine[60]. Mais elle a accru le fossé entre les Français, faisant de la question

60. Pascal Boniface, *Je t'aimais bien tu sais. Le monde et la France, le désamour ?,* Max Milo, Paris, 2017.

israélienne une ligne de clivage entre ceux qui soutiennent inconditionnellement Israël et ceux qui le critiquent[61].

Ma crainte est que le débat devienne de plus en plus difficile en France, au fur et à mesure que la situation se dégrade au Proche-Orient. Le contraire serait nécessaire. Il faudrait d'autant plus débattre que les tensions au Proche-Orient se multiplient... Ce n'est pas que les Palestiniens soient sans torts et/ou n'aient jamais commis d'erreurs. Mais l'occupation d'un peuple par un autre, déjà inadmissible au XXe siècle est encore plus insupportable au XXIe siècle.

---

61. *Id. La France malade du conflit israélo-palestinien,* Éditions Salvator, Paris, 2014.

# Cette blessure

Je ne pourrais plus vivre aujourd'hui dans la rue des Écouffes où j'ai passé de si belles années. Je serais, très probablement, regardé de travers par de nombreux voisins juifs, ceux-là mêmes qui m'ont chaleureusement accueilli en 1978. Pourtant, mes convictions n'ont pas changé, que ce soit concernant l'antisémitisme ou le conflit israélo-palestinien. Ce qui a changé, c'est leur état d'esprit. Une grande partie d'entre eux s'est en effet radicalisée et est prompte à dénoncer l'antisémitisme, alors que celui-ci a globalement reculé dans la société depuis cette époque. Ce qui a changé aussi, c'est la façon dont je suis perçu : hier, compagnon de route ; aujourd'hui, adversaire dangereux.

Au fur et à mesure, la rumeur est devenue certitude et l'accusation preuve indéniable. Beaucoup de gens, notamment dans la communauté juive, parlent en reprenant ce qu'ils ont souvent lu dans la presse ou les réseaux sociaux, du « rapport Boniface », qui préconiserait de lâcher les Juifs pour les Arabes parce que ces derniers sont plus nombreux et qu'ils pèsent davantage électoralement. Combien de fois ai-je entendu « votre réputation vous précède ». À force de le marteler sur les radios et journaux communautaires, il ne faut pas s'étonner que de nombreuses personnes soient – même un peu – persuadées de mon antisémitisme. Pourtant, ce qu'ils ont entendu, à défaut d'avoir lu, ne correspond ni à ce que j'ai écrit ni à ce que j'ai dit.

Le côté « j'ai pas lu mais j'ai entendu parler » peut aller jusqu'à atteindre des personnes supposées être particulièrement informées. Au cours de la promotion de mon livre d'entretiens avec Élisabeth Schemla, je rencontre le patron de la station Radio Shalom considérée à gauche du spectre communautaire. Celui-ci me déclare sans qu'il en soit lui-même choqué : « Je n'ai pas lu votre note mais je vous ai jugé à travers elle. » Que, sur une affaire à laquelle il donne une si grande importance, le responsable d'un média se contente de on-dit, sans vérifier l'exactitude des faits, est quand même relativement stupéfiant. Sur les ondes de RTL, Patrick Cohen dit en ma présence : « Pour Pascal Boniface, les Juifs sont responsables de l'antisémitisme. » Les bras m'en tombent. Où diable avait-il été cherché cette « information » ? C'est le résultat d'un martèlement dans les médias communautaires, dans les forums, les réseaux sociaux et même sur les médias mainstream. Exemple entre mille, le 16 mars 2006, Jacques Chancel reçoit Philippe Val et BHL sur la chaîne I-Télé.

Le premier déclare : « On pourrait penser que le lobby islamiste[62] pourrait ébranler le statut de la communauté juive. »

BHL répond : « Évidemment et pour les gens qui raisonneraient… il y a eu d'ailleurs au Parti socialiste… il y a déjà quelques années… Il y a un type qui s'appelle Pascal Boniface et qui avait remis une note qui était supposée rester secrète et qui évidemment a été rendue publique où il disait aux dirigeants socialistes "faites gaffe parce que vous faites aujourd'hui des grâces à la communauté juive mais est-ce que vous êtes bien conscients qu'il y a beaucoup plus d'électeurs musulmans et que dans quelques années ça va être… y aura pas photo". Alors évidemment qu'il y a toujours des gens qui calculent comme ça. Il y a toujours des gens qui disent en effet, on raisonne en fonction des communautés, on raisonne en fonction des risques terroristes, l'attitude dans l'affaire des caricatures, c'était typique. »

BHL, qui connaît parfaitement le contenu de ma note et fut à l'origine de la démission de Serge Weinberg du conseil d'administration de l'IRIS, mentait de manière éhontée. J'ai donc demandé un droit de réponse que je n'ai pu obtenir. J'ai pensé intenter un procès mais cela aurait été long et coûteux… Je ne suis pas milliardaire.

À vrai dire, le fait de ne pas être apprécié par BHL ne m'est guère douloureux. Ce qui me blesse davantage, c'est le sentiment de rejet que j'inspire auprès de nombreux compatriotes juifs parce que des BHL et autres

62. Apparemment, parler de « lobby islamiste » ne dérange personne.

désinformateurs ont manipulé mes propos et me présentent comme antisémite. Je comprends que cela puisse créer un sentiment d'angoisse. Les dirigeants et les intellectuels organiques insistent largement sur la montée de l'antisémitisme en France (c'est le thème repris depuis 2001 dans chaque discours du président du CRIF lors du dîner annuel). En 2002, Alain Finkielkraut avait même évoqué « l'année de cristal », thème souvent repris dans des volumineux dossiers de la presse mainstream (qui en a assez peu consacré à la montée du racisme anti-Arabes). De nombreux Juifs de France ont peur et je suis devenu pour certains d'entre eux une des causes de leurs problèmes. De fait, mes relations avec de nombreux compatriotes sont altérées par la perception fausse qu'ils ont de mes positions, de mon parcours et de mes combats. Je peux susciter à l'avance un réflexe de méfiance, de recul ou d'hostilité chez des gens qui ne me connaissent pas mais qui ont entendu parler de moi.

Il y a quelques années, l'un de mes fils – alors en classe de troisième – me dit que l'une de ses camarades aimerait faire à l'IRIS le stage obligatoire d'une semaine que les élèves font au cours de cette dernière année de collège. Elle est passionnée de géopolitique. J'ai accepté. Au bout de quelques semaines, n'ayant pas de nouvelles, je lui demande où cela en est. Il me répond qu'elle y a renoncé du fait de mon antisémitisme. C'est sans doute ce qu'elle a entendu chez elle. Je prends acte de cette décision en me disant qu'il serait dommage que des jeunes Juifs ne veuillent pas fréquenter mon fils à cause de l'antisémitisme présumé de leur père. Heureusement, les liens d'amitié qui étaient les leurs ont résisté à ce préjugé à un tel point qu'elle a finalement décidé d'effectuer sa semaine de stage à l'IRIS. Elle a passé une semaine tout à fait satisfaisante en constatant par elle-même que des gens de toutes confessions travaillaient en bonne entente.

Autre type de surprise de ce genre : un jour, en parlant avec un autre de mes fils, il me raconte que l'un de ses meilleurs amis pense que je suis plus ou moins antisémite. Je connais ce jeune homme depuis la petite enfance et il est souvent venu à la maison. Lorsqu'il avait quitté Paris pour s'établir à Strasbourg, nous avions même passé des vacances ensemble et on continue à se rencontrer mais, dans sa nouvelle ville, de nombreux amis juifs l'ont influencé.

Étudiant à l'ESSEC, mon troisième fils postule pour un emploi à la fin de ses études. Il candidate au sein d'une importante société de conseil. Après quatre entretiens réussis successifs, avec autant de personnes différentes, et au moment de conclure, la DRH l'appelle et lui dit qu'après quelques recherches, ils sont gênés par des articles le mettant en cause à propos d'une vidéo : « Vous comprenez qu'on a une image à défendre. » Mon fils leur répond que s'ils sont sensibles à la propagande de l'extrême droite pro-israélienne, il ne peut pas faire grand-chose et n'a pas tellement envie de s'engager avec eux. Les choses se sont arrêtées là et il est parti travailler ailleurs. Que s'est-il passé ? Trois ans et demi auparavant, mon fils avait participé à un concours d'humour réunissant des élèves d'écoles de commerce : le Campus Comedy Tour. Il avait, parmi de multiples choses, évoqué le conflit du Proche-Orient. Son sketch ne méritait peut-être pas de le propulser à l'Olympia mais certainement pas non plus au tribunal correctionnel. Frédéric Encel, qui joue les universitaires rigoureux mais utilise des méthodes dignes d'un agent d'officine, avait envoyé à une centaine de journalistes et au mémorial de la Shoah un mail indigné ! « Si vous voulez avoir des crampes d'estomac, écoutez le fils de Boniface à l'ESSEC. Pire que son père, ça existe : son fils Corentin ! Étalage de lieux communs, de contresens, un niveau intellectuel de primate. » Personne, bien sûr, n'avait pris la peine d'aller écouter le sketch ou n'avait entendu une insulte antisémite. Sinon, d'ailleurs, la justice s'en serait rapidement mêlée. Seuls les sites extrémistes JSSNews et Dreuz info avaient repris à leur compte les calomnies de Frédéric Encel. Mais cette trace demeure. Attaquer le fils de façon calomnieuse pour atteindre le père, on appréciera la dignité de la méthode.

Rendez-vous médical. À l'issue de la consultation, le médecin, dont il ne m'avait pas échappé les origines (de par son nom) me déclare : « Vous êtes quand même plus sympathique en vrai qu'à la télévision. » Je lui fais remarquer qu'il est difficile d'être souriant quand on parle de sujets graves. Il acquiesce mais me fait remarquer que c'est ce que je dis en public qui peut susciter des réticences. Je lui demande de préciser sa pensée ou de citer précisément des propos qui auraient pu justifier un ressenti négatif. Je lui demande s'il me reproche ce que j'ai dit ou ce qu'il a entendu. En allant au fond, on se met d'accord sur la nécessité d'une paix entre Israéliens et Palestiniens et sur les difficultés que suscite automatiquement l'occupation militaire d'un peuple. Il est très attaché à Israël et sincèrement à la paix. Il me dit qu'il est heureux d'avoir pu me rencontrer et d'avoir chassé des idées reçues me concernant. Avec des gens de bonne foi, le contact direct permet toujours de s'expliquer. Nous ne sommes pas d'accord sur tous les sujets mais je ne le soupçonne pas d'être un partisan de la colonisation. Il ne pense pas, ou plus, que je suis obsédé par les Juifs. Si je me dis en sortant que ceci est extrêmement réconfortant, cela prendrait néanmoins un certain temps d'avoir des milliers d'entretiens individuels...

Cette méfiance devrait-elle me conduire, pour prévenir tout désagrément, à éviter d'entamer des relations professionnelles ou personnelles, voire d'entrer en contact, avec des personnes juives ? Je me refuse absolument à entrer dans ce cercle vicieux. S'il y a des malentendus, il faut d'abord essayer de les dissiper. S'ils persistent, au moins ai-je essayé. Et il y a tellement de bonnes surprises que cela vaut le coup d'essuyer quelques déconvenues.

# QUAND C'EST FINI, ÇA RECOMMENCE

J'ai créé l'IRIS entre autres raisons pour bénéficier d'un cadre qui me permettait de m'exprimer librement sur les questions internationales. Certes, si j'étais resté enseignant et/ou chercheur individuel, j'aurais conservé cette liberté. Mais il me semblait utile et plus agréable d'appartenir à un collectif. Les questions stratégiques et de défense sont très peu développées à l'université et je ne disposais pas de laboratoire universitaire de recherche auquel me rattacher. Bref, créer une structure associative me paraissait le meilleur moyen de garantir cette liberté et enrichir ma réflexion. Mais ce tremplin peut devenir un piège. Je suis également responsable de la structure et de ceux qui y travaillent et, si on ne peut m'empêcher de m'exprimer, il est tout à fait envisageable d'attaquer l'IRIS pour me dissuader de continuer à m'exprimer librement. Ce qui fut fait. Même dans un pays démocratique, s'exprimer sans contrainte sur les questions régaliennes pose toujours problème. Je connais des collègues, y compris universitaires et donc titulaires de leurs postes, qui ne sont donc pas jugés par les autorités politiques mais qui observent néanmoins une certaine prudence, voire une prudence certaine, dans les jugements qu'ils peuvent exprimer.

En 1993, l'IRIS qui venait à peine de naître était très fragile. J'étais indubitablement lié au PS et il eût été facile au nouveau gouvernement de fermer le très maigre robinet de subventions dont nous disposions. La visibilité de l'IRIS était suffisamment faible pour que cela se produise sans vagues. Cela ne fut pas le cas et les quelques crédits de l'époque furent maintenus à l'identique. Pierre Lellouche était même intervenu en notre faveur, bien qu'il appartienne à la formation gaulliste de l'époque. Plus – ou pire – encore en 1995, Jacques Chirac, qui venait d'être élu à la présidence de la République, prenait deux décisions fortes en matière de politique étrangère : la réintégration de la France dans l'OTAN et la reprise des essais nucléaires. Ce furent des décisions en totale rupture avec l'action de François Mitterrand et centrales pour le nouvel exécutif. Je critiquais l'une et l'autre dans les médias. Cela n'a en rien affecté les relations de travail avec le ministère de la Défense et des Affaires étrangères, pas plus que le niveau de financement dont l'IRIS bénéficiait. Bref, critiquer des décisions majeures et emblématiques sur des questions régaliennes ne m'a pas attiré de problème spécifique. En revanche, critiquer l'action d'un gouvernement étranger, sur la base du respect du droit international, a failli causer la disparition de l'IRIS.

BHL, à de nombreuses reprises, partit à l'assaut des responsables politiques de haut niveau auxquels il a un accès direct pour dire que j'étais « infréquentable ». D'après ce qualificatif, on ne pourrait se trouver à mes côtés ou supporter ma présence. C'est tout simplement un appel clair et net au boycott. Le même qui s'insurge lorsque des ONG proposent le boycott des produits agricoles en provenance des colonies israéliennes sur les territoires palestiniens, juge tout à fait normal qu'un de ses compatriotes soit mis au ban de la société pour avoir critiqué un pays étranger auquel il se sent particulièrement lié. Pour lui, comme pour d'autres, je suis moins important qu'une orange produite au sein des colonies. Lorsque sa pièce *Hôtel Europe* est sortie, j'avais fait le pari – assez peu risqué, je le reconnais – qu'il aurait droit à une promotion hollywoodienne mais que le public ne suivrait pas. Sa pièce fit en effet un bide. Agacé par ma remarque ironique (l'humour ne semble pas être son genre), au micro de Frédéric Haziza sur Radio J, le 16 novembre 2015, BHL évoquait une « petite secte Boniface, Ramadan, Soral, Dieudonné » qui, selon lui, compose « une espèce de nébuleuse idéologique ». C'est amusant de voir celui qui dénonce facilement la théorie du complot y avoir lui-même recours.

Mais cela ne suffisait pas. Il surenchérissait : « Boniface, je ne sais pas qui c'est nettement, mais d'après ce que l'on m'a dit, il a une espèce de petit think tank français, subventionné par le contribuable. »

Haziza en profitait pour abonder en son sens : « [...] et notamment par le Quai d'Orsay ».

Reprise de volée de BHL : « Il peut en effet raconter les choses comme ça, je ne comprends même pas de quoi il parle... Si vraiment ce genre de choses sont subventionnées par le Quai d'Orsay, ça mériterait que l'on se pose des questions. Qu'on se les pose et qu'on les pose aux principaux intéressés. »

Outre le fait qu'une fois encore BHL professe un gros mensonge en prétendant ne pas me connaître, il y avait bien là une tentative d'assécher les financements et les contacts de l'IRIS.

Après 2003, Pierre Lellouche allait faire le siège des membres du conseil d'administration de l'IRIS appartenant à sa famille politique pour qu'ils en démissionnent séance tenante. Arthur Paecht l'ayant envoyé balader, il n'a pas hésité à apostropher son fils, qui travaillait dans l'industrie de défense, sur le sujet, au cours d'une réunion où le malheureux n'était pas vraiment en position de répondre à un parlementaire. Il tenta également sa chance auprès d'Alain Marsaud qui, par ailleurs, ne partage pas mes vues sur le conflit israélo-palestinien, ou sur d'autres sujets, mais estime nécessaire la confrontation d'idées.

Après la publication de mon ouvrage La France malade du conflit israélo-palestinien[63], Frédéric Haziza se déchaîna sur Twitter, publiant une multitude de tweets injurieux à mon égard, m'assimilant à Alain Soral et/ou à Dieudonné, insistant sur mon « obsession juive ». Il m'avait déjà

---

63. Pascal Boniface, *La France malade du conflit israélo-palestinien*, *op.cit.*

régulièrement attaqué en 2001 après ma note. La constance et la durée de ses agressions ne peuvent qu'interpeller. Bien sûr, il fit en sorte que je ne puisse pas être invité sur LCP - AN et il me mit régulièrement en cause face à ses invités sur Radio J - pas moins de six fois en deux mois ! - par la tactique consistant à poser des questions biaisées à ses invités afin qu'ils me condamnent publiquement pour ne pas déplaire à l'intervieweur et à son auditoire. Il alla même jusqu'à me rendre responsable de la prise d'otages et la tuerie de l'Hyper Casher de la porte de Vincennes. Cela valut une pétition contre lui, signée par de nombreuses personnalités juives[64] et une réponse d'André Schmer, ancien résistant FTP-MOI[65]. Une fois encore, la preuve que le clivage n'est pas situé où on pourrait le croire. Cela ne l'empêcha pas de continuer son inlassable travail de sape. Il ne lui suffisait plus de s'attaquer à moi mais il fallait également atteindre l'IRIS pour le faire disparaître. Il y consacrait une énergie et un temps remarquables. Il commença à faire le tour des différents membres du conseil d'administration pour leur dire toute l'horreur qu'il pensait de moi et souligner l'anomalie qu'il y avait pour des républicains de rester liés à ma personne et à l'institut que je dirigeais. Il fit également paraître deux échos quasiment similaires dans les premières pages des hebdomadaires

64. https://www.change.org/p/l-opinion-publique-stop-%C3%A0-la-chasse-aux-sorci%C3%A8res-soutien-%C3%A0-pascal-boniface-624c1e83-0f68-4032-88c4-5573503fdba4

65. http://leplus.nouvelobs.com/contribution/1169224-pascal-boniface-accuse-d-antisemitisme-m-haziza-je-suis-juif-vous-faites-fausse-route.html

*Le Point* et *L'Express* avec la complicité de journalistes qui participent à ses émissions sur LCP – AN, selon lesquels « Un ministre proche de Manuel Valls avertit : l'IRIS est un institut de recherche pas une ONG engagée. Dans sa ligne de mire, Pascal Boniface, directeur de l'IRIS, réputé propalestinien, qui a qualifié de prêche partial pro-israélien un manuel contre le racisme et l'antisémitisme publié par la LICRA et abrité sur le site de l'Éducation nationale. Un jugement qui a provoqué la démission de Patrick Bloche, député PS de Paris, du conseil d'administration de l'IRIS. »

L'ouvrage, sous prétexte de lutter contre le racisme, avait surtout pour objectif de donner un visage d'Israël partial, de parler du conflit israélo-palestinien sous un angle pro-israélien[66].

« En outre, un chercheur de cet institut a publié une tribune très critique contre la loi sur le renseignement. Or, l'IRIS fonctionne, notamment grâce à des centaines de milliers d'euros d'argent public, rappelle le ministre. »

Outre le fait que, malheureusement, nous n'avons pas des centaines de milliers d'euros de subvention, on demeure atterré par ce type de jugement : a-t-il été vraiment émis par un ministre ? Ou est-ce uniquement une rumeur propagée par Haziza ? Plusieurs facteurs choquent à la lecture de cette « brève » et montrent la misère intellectuelle et morale de celui qui en est à l'origine. Un institut de recherche n'étant pas une ONG engagée, faudrait-il que ses chercheurs

---

66. http://leplus.nouvelobs.com/contribution/1320265-la-licra-son-livre-contre-le-racisme-et-l-antisemitisme-un-preche-partial-pro-isrealien.html

ne prennent jamais position sur aucun point ? Le fait de lier subventions de l'État et jugement critique sur une loi voudrait-il dire que, comme dans les pays totalitaires, il est interdit de critiquer le gouvernement ?

Lors de la campagne des primaires du PS, pour la désignation du candidat à la présidentielle, avant le second tour qui devait opposer Benoît Hamon à Manuel Valls, Frédéric Haziza recevait ce dernier au micro de Radio J, le 26 janvier 2017. Il remettait alors quelques pièces dans la machine :

F. Haziza : « [...] Ça nous rappelle une note qui avait été publiée par Pascal Boniface en avril 2001. Il développait à l'époque l'idée que les musulmans en France étant bien plus nombreux que les Juifs, le PS devrait critiquer davantage Israël, non pas parce que la cause était juste, mais faute de quoi les élections à venir risquaient d'être compromises [...] Qu'est-ce que vous en pensez de ce rapprochement, de ce parallèle fait par vos amis ? »

M. Valls : « Drôle de thèse [...] »

Oui, drôle en effet, si elle était mienne. Mais c'est en fait de la pure désinformation, ce que Frédéric Haziza sait fort bien en amenant M. Valls sur ce terrain.

FH : « C'était la thèse de Pascal Boniface. »

MV : « Drôle de thèse, précisément [...] drôle de thèse [...] J'ai d'ailleurs toujours été étonné que Pascal Boniface trouve encore une oreille attentive chez certains dirigeants [...] »

FH : « Vous voulez dire dirigeants du PS ou dirigeants de l'État ? »

MV : « Dirigeants d'une manière générale. Mais cela pose un vrai problème. C'est sa liberté d'écrire cela, c'est son problème [...] »

FH : « Avril 2001, hein [...] »

MV : « Mais ça peut pas être... Euh... Ça ne peut pas être une thèse acceptable. Parce que si c'est ça, ça veut dire qu'on accepte le morcellement de la société française en communautés. Ça veut dire que le modèle communautariste s'impose. »

FH : « Vous dites que vous êtes étonné de l'audience de Pascal Boniface. Comment vous l'expliquez ? »

MV : « Mais ça, c'est à vous de l'expliquer [...] Je ne suis pas sûr que cette audience soit d'ailleurs extrêmement puissante [...] Mais il faut faire attention à ces thèses, parce que ces thèses, elles sont sournoises, elles instillent de la division. Elles instillent des fractures, elles sont ambiguës. Il ne peut pas y avoir la moindre ambiguïté dans ce domaine. »

Ces propos de Manuel Valls peuvent étonner à plus d'un titre. Tout d'abord, si cette note avait tant choqué, pourquoi m'aurait-il envoyé une lettre manuscrite de soutien lors de la polémique de 2002[67] ? Pourquoi a-t-il accepté d'être membre du conseil d'administration de l'IRIS ? Pourquoi sommes-nous restés en contact si longtemps ? Et qu'en est-il de Michel Rocard qui lui aussi avait toujours critiqué la colonisation israélienne ? N'est-il pas curieux de condamner le communautarisme au micro de Frédéric Haziza sur Radio J ? Ne l'a-t-il pas plutôt conforté, en reprenant

67. Voir l'annexe 4.

systématiquement arguments et éléments de langage des institutions officielles de la communauté juive, tant sur les questions internes que sur le conflit israélo-palestinien ?

Dans le numéro de *Marianne*, en date du 10 novembre 2017, Manuel Valls passait la surmultipliée. Il déclarait : « Je considère, par exemple, que ce qu'écrit l'universitaire Pascal Boniface depuis des années pose un vrai problème. J'ai d'ailleurs saisi les ministres des Affaires étrangères et des Armées qui financent l'IRIS de ce sujet, même s'il ne parle pas au nom de l'IRIS. »

M. Valls propose donc qu'un institut, qui emploie trente personnes, soit mis au ban des services gouvernementaux, parce que le directeur du centre tient des positions qui lui déplaisent. Dans quel type de régime ce comportement est-il possible ? Réalise-t-il la portée de ses propos ?

C'est proprement hallucinant !

Manuel Valls, sans le réaliser, reprend à son compte le slogan franquiste de José MillánAstray : « Mort à l'intelligence, *Viva la muerte* ! »

# La justice viendra sur nos pas triomphants

En mai 2004, Malek Boutih, qui donnait une interview au site pro-israélien primo-Europe, à la remarque « tout de même, les Juifs de France n'ont pas oublié le rapport Boniface », répondait : « Je vous ferais dire que justement Boniface a démissionné de la direction du PS. Nous ne souhaitons pas inscrire le PS dans ce genre de rapport avec la société, c'est-à-dire aller dans le sens des communautarismes. »

Je lui répondis, par une lettre envoyée le 15 juin, qu'il était étonnant qu'il eût perçu une approche communautaire dans ma note, le renvoyant à sa lecture intégrale. J'ajoutais que l'accusation de communautarisme lancée à mon égard n'était pas innocente et relevait de la manipulation précisant que j'apprécierais à l'avenir qu'il ne me mette pas en cause de façon injustifiée. Je n'ai pas reçu de réponse à ce courrier jusqu'à ce que le journal *Technikart* publie un nouvel entretien de M. Boutih.

Le 2 décembre 2004, il déclarait : « Pascal Boniface ? Il a bien fait de dégager du PS ! Je suis monté au créneau pour casser ce glissement de l'antisionisme, d'une position de radicalité politique à une sorte de racisme. C'est un des traits communs de tous les antisémites, ils n'assument pas, ils camouflent leur antisémitisme avec une théorisation qui ne tient pas debout. »

M. Boutih était président de SOS Racisme et une figure incontournable du débat. Il a renforcé les liens structurels entre SOS racisme et l'UEJF présidée par Patrick Klugman. Je commençais à être las de ces attaques. Je consultai donc mon avocat et ami, Jean-Yves Halimi. Ce dernier me conseilla de porter plainte pour diffamation, ce que je fis. Le tribunal de grande instance puis la cour d'appel me donnèrent raison. Dans le jugement du 31 octobre 2006, on peut lire le passage suivant : « Ce document au ton mesuré constitue une analyse, laquelle peut être approuvée ou critiquée, de la situation au Proche-Orient comme de la façon dont elle est perçue en France et propose au Parti socialiste d'adopter une position plus juste, aux yeux de son auteur, et plus conforme à l'intérêt bien compris des deux communautés particulièrement concernées sur le territoire national par le conflit. N'évoquant qu'en passant et pour mieux convaincre ses destinataires des considérations liées au poids électoral relatif desdites communautés, ce document est clairement dénaturé par le résumé sommaire et partial [qui en a été] proposé [...] Enfin, revenant à imputer à Pascal Boniface de proposer au parti politique dont il était membre de se déterminer, sur un sujet sensible par les questions éthique, historique, de politique intérieure comme internationale qu'il soulève, en fonction, non pas de la règle de droit et de l'intérêt collectif, mais de considération électoraliste teintée d'un antisémitisme qui affleurerait derrière un antisionisme radical, il est contraire à l'honneur et la considération de celui-ci. »

Le 5 juillet 2007, la cour d'appel confirme la condamnation pour diffamation « considérant que la défense n'est pas fondée à invoquer le débat d'opinion, une telle imputation excédant par nature les limites du débat d'opinion. »

Elle rappelait dans un paragraphe : « Pascal Boniface évoque en effet le poids électoral de la communauté juive et celui de la communauté d'origine arabe ou musulmane, le résumé sommaire et partial de Technikart dénature les analyses beaucoup plus nuancées de Pascal Boniface sur la situation au Moyen-Orient et sur la question de l'antisémitisme [...] Considérant que Technikart a résumé en les dénaturant tant les propos de Malek Boutik que les analyses de Pascal Boniface ; qu'en tout état de cause, la polémique politique ne saurait justifier la gravité de l'accusation portée. »

Justice m'était officiellement rendue. Le TGI et la cour d'appel reconnaissaient officiellement que m'accuser d'avoir recommandé une position plus favorable aux Palestiniens parce qu'il y aurait eu en France plus d'Arabes que de Juifs était une contrevérité. Dans un État de droit, cela aurait dû clore la polémique. Mais pour mes adversaires, la chose jugée n'a de valeur que lorsque celle-ci les arrange. Les rumeurs malveillantes sont, pour certains, demeurées plus fortes que la justice de la République.

Fin 2005, un responsable du CRIF m'annonce qu'une très vilaine manœuvre se monte contre moi. S'il a des désaccords avec moi, il ne peut, par moralité, cautionner ce type de méthodes. Dans le mensuel *Balkans-Infos*, qui n'a donc rien à voir avec le Proche-Orient, un article relate que j'aurais fait scandale aux Rendez-vous de l'histoire de Blois en octobre, en déclarant : « "Y en a que pour les Juifs ; ici, à ce Salon, la moitié des auteurs sont juifs, la plupart des conférenciers le sont ; y en a marre des Juifs, ça fait soixante ans qu'il nous en emm... avec la Shoah ! Tiennent tous les leviers de commande, ce sont eux qui ont organisé la guerre d'Irak en 2003, afin d'instaurer le grand Israël" [...] L'auditoire a été abasourdi et scandalisé. L'individu est identifié : il s'agit de Pascal Boniface, auteur d'un livre intitulé : *Est-il permis de critiquer Israël ?* Il a été pris à partie par l'une des hôtesses, a semblé se calmer puis a récidivé : "C'est un scandale ! On ne peut plus dire un mot contre les Juifs ! Ces gens-là instrumentalisent l'histoire de leur persécution pour justifier le grand Israël et nous interdire de critiquer ce pays". »

Ces faits relatés sont tout à fait délirants : si j'avais tenu de tels propos dans un lieu aussi fréquenté que le dîner des Rendez-vous de l'histoire de Blois, cela ne serait pas passé inaperçu. Le scandale aurait été légitimement énorme ! Comment, dès lors, trouver une explication rationnelle à cette opération ? La stratégie devait être la suivante :

publier l'information au sein d'une lettre confidentielle (*Balkans-Infos*, dont la diffusion est estimée à quatre cents exemplaires), qui avait donc peu de chances d'arriver jusqu'à moi, laisser passer le délai de trois mois au cours duquel on peut porter plainte pour diffamation, puis relayer largement et impunément cette « information ». Un mensonge répété cent fois ne devient pas une vérité, mais peut influencer les perceptions. Je décidai donc de porter plainte contre le journal *Balkans-Infos*. Le jour du procès, le directeur de la publication, un vieux monsieur très digne, arrive accompagné de l'auteur de l'article, habillé de façon assez débraillée, pour utiliser un euphémisme, et au comportement incertain. Il précise qu'il s'agit d'un collaborateur extérieur qui a simplement publié auparavant deux articles sur des colloques du B'nai B'rith. L'auteur tient des propos tellement incohérents que le président du tribunal demande une expertise psychiatrique avant de pouvoir statuer et reporte donc le procès !! Cette personne ne pouvait manifestement pas être invitée au dîner officiel des Rendez-vous de l'histoire. Qui l'avait manipulé pour écrire ce type de papier ? Il est dommage que les enquêteurs n'aient pas poussé plus loin cette investigation. Mais je me suis interrogé : l'article paraissait l'année où Frédéric Encel avait été exfiltré des Rendez-vous de l'histoire, à la demande d'Esther Benbassa, pour usurpation de titres universitaires : n'était-ce pas une vengeance de sa part ? En tout cas, il aurait pu repérer ce malheureux jeune homme déboussolé dans un des colloques du B'nai B'rith, mouvement qui soutient Encel et que celui-ci fréquente assidûment.

En juillet 2008, *Balkans-infos* et l'auteur de l'article étaient reconnus coupables de diffamation par le tribunal correctionnel. En novembre, commençait l'affaire du Salon d'Alger.

Afin de participer à un débat et d'y prononcer une conférence, je fus invité au Salon international du livre d'Alger. Interrogé sur « la mauvaise image des musulmans en France » et la « responsabilité du lobby juif » en la matière, je réponds dans un premier temps qu'il n'existe rien de tel. Les Juifs de France ont en effet des avis contrastés, tant sur l'islam que sur le conflit israélo-palestinien. Par contre, il y a un certain nombre de figures médiatiques d'origines diverses qui contribuent à véhiculer une image négative des musulmans : je cite BHL, Alain Finkielkraut mais également Philippe Val et Mohamed Sifaoui. Le quotidien arabophone El-Khabar, volontairement ou par incompétence, traduit mal mes propos et écrit que j'aurais évoqué un « lobby juif ». Aussitôt, Élisabeth Lévy et Mohamed Sifaoui m'attaquent respectivement dans leur blog, citant un journal auquel ils ne se réfèrent habituellement pas. La presse algérienne francophone a, elle, traduit correctement mes propos et souligne que j'ai récusé l'existence d'un tel lobby. M. Sifaoui, sur son blog, me consacrait un long article où il m'accusait de complicité intellectuelle avec les terroristes et déplorait que mes sorties médiatiques donnent naissance à une nouvelle forme d'antisémitisme. Les témoins que M. Sifaoui avait cités étaient une sorte de who's who du lobby pro-israélien. Il y avait en effet Frédéric Encel, Caroline Fourest, Richard Prasquier, Dominique Sopo, Bernard-Henri Lévy, Jacky Mamou,

Alexandra Laignel-Lavastine, Raphaël Haddad (UEJF), Patrick Klugman, Pierre-André Taguieff et Antoine Vitkine. Prasquier, Fourest, Haddad, Sopo et Klugman vinrent eux-mêmes à l'audience soutenir le soldat Sifaoui. Le tribunal me débouta car les passages relatés comme diffamatoires ne m'imputaient pas d'actes concrets mais m'attribuaient des opinions. Il déboutait également Mohamed Sifaoui de ses demandes à mon encontre de remboursement de frais engagés.

# Je vois le monde un peu comme on voit l'incroyable

Dans ma note de 2001, j'écrivais : « Le terrorisme intellectuel qui consiste à accuser d'antisémitisme ceux qui n'acceptent pas la politique des gouvernements israéliens (et non pas l'État d'Israël) payant à court terme peut s'avérer catastrophique à moyen terme. »

J'avais tort. Dix-sept ans plus tard, ce terrorisme intellectuel toujours aussi prégnant est toujours redoutablement efficace. La dégradation continue de la situation au Proche-Orient depuis 2000-2001 a conduit à une intensification de son utilisation et, plus étonnant, à l'accroissement de son efficacité.

Ce qui m'est arrivé est à peine croyable. Depuis seize ans, les mêmes arguments sont invoqués alors qu'une simple réflexion de quinze secondes peut en déceler l'inanité. Les mêmes idées reçues qui ne devraient pas résister à l'examen semblent gravées dans le marbre. J'ai du mal à croire que, dans un monde où la connaissance, la réflexion individuelle et/ou collective et les moyens de savoir et de comprendre augmentent chaque jour, on puisse encore affirmer que critiquer le gouvernement d'un pays équivaut à le haïr, ainsi que son peuple. La stratégie consistant à mettre en avant la lutte contre l'antisémitisme au service de la protection d'un gouvernement, alliant droite dure et extrême droite, paie depuis longtemps.

Après l'attentat de la rue des Rosiers, dans le restaurant de Jo Goldenberg en 1982, des militants du Betar accueillirent François Mitterrand, qui se rend sur place, aux cris de « Mitterrand, assassin ». Menahem Begin, le Premier ministre israélien, déclare : « Le crime qui a été commis au cœur de Paris est la conséquence des allusions à des Oradour et d'une attitude délibérément anti-israélienne – qui est aussi antijuive – dans la presse et dans l'ensemble des médias français. De nouveau, ont retenti dans les rues de Paris les cris de "Mort aux Juifs" comme au temps de l'affaire Dreyfus. »

Alors que la guerre de Liban avait ébranlé l'image d'Israël, M. Begin utilise l'arme de la lutte contre l'antisémitisme pour sanctuariser son gouvernement et interdire, par culpabilisation, adhésion ou peur, toute critique de son action. La méthode va constamment servir par la suite, avec des pics comme lors de la reprise de l'Intifada en 2001 et la guerre de Gaza en 2014.

Il est indéniable que des préjugés antisémites circulent encore en France et notamment, mais pas seulement, au sein des banlieues défavorisées. Les préjugés existent également dans des quartiers plus aisés mais s'expriment peut-être moins nettement ou moins ouvertement, peut-être parce que le sentiment d'un « deux poids, deux mesures » y est, entre autres, moins pesant.

Lors des différents échanges ou conférences que je peux faire, je suis régulièrement confronté à ce type de préjugés. Je n'ai jamais un double langage et dis la même chose quel que soit mon auditoire. C'est non seulement une question de principe mais également de réalisme : penser qu'un double discours pourrait passer inaperçu relève de l'illusion, du moins pour ceux qui prennent des positions comme les miennes. Frédéric Haziza a pu dire que, « comme journaliste, il avait toujours travaillé pour Israël », BHL a pu, lors d'une convention du CRIF, dire qu'il avait poussé à la guerre en Libye en pensant « avant tout à Israël » ou encore Frédéric Encel a pu, dans une radio communautaire, dire que lorsqu'il va dans les médias, il y va « avant tout pour défendre Israël » ou, lors d'une conférence en Israël, qu'il « ne critique jamais Israël », alors qu'en public il se prétend universitaire rigoureux, sans que cela ait porté à aucun d'entre eux atteinte à leur réputation. Si j'avais dit quelque part que le sens de ma vie était la défense des Palestiniens ou la promotion des Arabes, mes « amis » auraient fortement relayé cette déclaration, ce qui aurait définitivement nui à ma capacité d'exposition médiatique.

Lorsque au sein d'une assemblée, j'entends parler de « l'entité sioniste », je corrige et je parle de l'État d'Israël. On ne peut pas se proclamer pour la solution à deux États et nier le droit d'existence à l'un d'entre eux.

Il est facile de condamner l'antisémitisme sur la place du Trocadéro, lors de rassemblements où il n'y a que des convaincus, sans risquer d'être contredit. Je défends parfois le droit d'Israël d'exister dans des frontières sûres et reconnues, devant des publics moins confortables, en France comme à l'étranger. Pour certains, la lutte contre l'antisémitisme est un combat, pour d'autres c'est un vecteur de réussite professionnelle, voire un gagne-pain. Accusé d'antisémitisme par les uns, il m'arrive aussi d'être qualifié de « laquais du sionisme » par d'autres, notamment Alain Soral et ses amis. Ces derniers prétendent je me suis couché, pour ne pas mettre en péril l'existence de l'IRIS ou mes revenus et que les vrais résistants sont plus courageux que moi. Certains extrémistes m'ont reproché d'avoir mis beaucoup de personnalités juives dans mon ouvrage *Les intellectuels intègres*[68].

Le 6 janvier 1970, à l'issue d'un Conseil des ministres après l'affaire des vedettes de Cherbourg, l'embargo sur les armes à destination d'Israël qui n'était que partielle (les pièces détachées indispensables au maintien de l'aviation continuaient à être fournies) devint total, ce qui fut largement critiqué par la presse française, favorable à Israël. Le porte-parole du gouvernement déclare alors : « Il est remarquable et il a été remarqué que les influences

68. Publié aux éditions Jean-Claude Gawsewitch en 2013 : Stéphane Hessel, Esther Benbassa, Rony Brauman, Alfred Grosser, Edgar Morin et Michel Wieviorka.

israéliennes se font sentir d'une certaine façon dans les milieux proches de l'information[69]. »

Aucun responsable gouvernemental ne pourrait tenir de tels propos aujourd'hui sauf à être révoqué dans l'heure. Tout responsable politique et/ou journaliste qui ferait une déclaration comparable verrait sa carrière immédiatement stoppée.

Au-delà de la persistance d'un vieil antisémitisme, il est certain qu'une partie de la jeunesse et de la population éprouve de l'antipathie pour les Juifs, vus comme une communauté globale contrôlant la France, la presse et l'économie. Lorsqu'on me dit que les Juifs contrôlent les médias, je corrige mais je dialogue. Je ne pense pas d'ailleurs que l'injonction scandalisée soit la meilleure réponse. Exiger de quelqu'un qu'il se taise immédiatement après avoir proféré une telle bêtise ou l'exclure de la conversation ne le fera pas changer d'avis. La discussion, souvent. D'autant plus que je bénéficie d'une certaine aura au sein de ces milieux qui louent mon intégrité. Je pense donc que, dans la lutte contre l'antisémitisme, je prends efficacement ma part.

Face à un poncif antisémite sur les Juifs et les médias, je commence par souligner la diversité des positions sur le conflit du Proche-Orient parmi les Juifs, dont de nombreux se montrent en pointe dans la solidarité avec la cause palestinienne. Affirmer qu'une communauté

69. Cité *in* Alain Gresh, Hélène Aldeguer, *Un chant d'amour : Israël-Palestine, une histoire française, op.cit.*

contrôlerait un ensemble est tout simplement une contre-vérité. Il est indéniable que les médias sont plus sensibles à l'accusation d'antisémitisme qu'à celle de racisme antimusulmans, pour ne pas employer le mot qui fâche d'« islamophobie ». Personne n'est cependant dupe. La renommée médiatique de personnalités comme BHL ou l'imam Chalghoumi constitue une démonstration que l'on peut dire tout et n'importe quoi lorsqu'il s'agit de soutenir Israël. Dire que les Juifs contrôlent les médias est une déclaration antisémite, mais affirmer qu'ils n'y ont pas un accès privilégié, en comparaison notamment avec la communauté musulmane, est un déni de réalité. De même, il est stupide de dire que les Juifs contrôlent la classe politique, mais qui peut nier que les responsables politiques sont plus prompts à réagir en cas d'agression antisémite qu'en cas d'agression contre des musulmans ? Le fait que le délégué interministériel à la lutte contre le racisme, Gilles Clavreul, mette en avant l'importance première de la lutte contre l'antisémitisme sur les autres formes de racisme, qu'il ait largement confondu défense du gouvernement israélien et lutte contre l'antisémitisme, qu'il n'ait embauché ni associé aux travaux de la DILCRA des personnes qui auraient pu se montrer critiques du gouvernement israélien, qu'il n'ait jamais voulu recevoir les associations juives pacifistes et qu'il ait farouchement combattu les tentatives d'organisation autonome des Arabes et musulmans, a été un véritable cadeau fait aux initiateurs de rumeurs nauséabondes sur le pouvoir occulte des Juifs. Les associations juives institutionnelles très médiatisées, qui interviennent auprès des responsables politiques afin d'obtenir un soutien ou une absence de critique à l'égard d'Israël, qui interviennent très fortement dans les affaires judiciaires pour faire valoir leur point de vue, ne contribuent-elles pas à alimenter les peurs ?

L'antisémitisme subsiste malheureusement en France. Il n'a plus rien à voir avec l'ampleur qu'il a eu avant la Seconde Guerre mondiale, voire jusqu'à la fin des années 1960. Au début des années 2000, certains ont cru bon de développer le concept d'« antisémitisme de gauche ». La gauche est généralement liée à la lutte contre le racisme mais cela n'a rien d'automatique : on peut être de gauche, voter en ce sens, s'en réclamer et être antisémite. On peut d'ailleurs dans les mêmes circonstances être raciste antimusulmans. L'universitaire Michel Dreyfus a fait un livre tout à fait intéressant et savant sur le sujet[70]. Mais le développement de la rhétorique sur « l'antisémitisme de gauche » au début des années 2000 avait pour réel but de marginaliser ceux qui, appartenant à la gauche, critiquaient Israël, alors qu'on était habitué qu'ils le soutiennent.

Je pense que rien n'aurait fait davantage plaisir à certains de mes adversaires que je devienne réellement antisémite. Qu'à force de prendre des coups de toute part et de façon injuste je surréagisse et me lance dans des

70. Michel Dreyfus, *L'antisémitisme à gauche. Histoire d'un paradoxe, de 1830 à nos jours*, La Découverte, Paris, 2009, rééd. augmentée 2011.

déclarations incendiaires, faisant de mes accusateurs les seuls représentants des Juifs de France. Une telle dérive aurait justifié leurs accusations initiales et les aurait ravis. Comme l'a écrit Guillaume Weill-Raynal : « Si Boniface est bien l'homme à faire taire, c'est précisément en raison du caractère modéré de ses positions sur le conflit du Proche-Orient, qui le rend plus dangereux pour les extrémistes de tous poils. S'il était vraiment antisémite, on lui foutrait la paix[71]. »

Bien sûr, on se serait concentré sur les faits et non pas sur les causes. Je me demande même si certains ne sont pas rassurés lorsqu'ils rencontrent de vrais antisémites car cela justifie leurs ripostes massives, au lieu de cibler par des frappes chirurgicales. Si je n'avais pas des convictions solides, si ma formation intellectuelle, lorsque ces attaques sont arrivées, n'avait pas déjà été assez consistante, si je n'avais pas été entouré d'amis sûrs et fidèles, si je n'avais pas reçu tant de témoignages de solidarité, beaucoup provenant de Juifs français, si mon cercle familial proche n'avait pas été d'un soutien total, peut-être aurais-je dérivé. Et ce serait en fait les attaques m'accusant d'être antisémite qui m'auraient poussé à ce grave dérapage ; une prophétie autoréalisatrice en somme. J'y ai fort heureusement échappé et continue à me battre contre toute forme de racisme,

71. Guillaume Weill-Raynal, « Qui veut la peau de Pascal Boniface », *L'Obs*, 4 février 2009.

antisémitisme compris. Je ne mets pas la lutte contre l'antisémitisme au-dessus des autres formes de racisme mais je ne l'oublie pas non plus. Il ne peut exister de hiérarchie en ce domaine.

Dans la lutte contre l'antisémitisme, je suis un allié des instances communautaires juives, officielles ou non. Elles le savent. Mais pourtant, elles ne me considèrent pas comme tel. Parce que le plus important à leurs yeux est d'empêcher toute critique du gouvernement israélien. Et là, je suis un adversaire, d'autant plus que je ne suis pas antisémite.

Certains m'accusent, si ce n'est d'être antisémite, de contribuer à le nourrir en me plaignant d'être victime d'attaques venant de responsables juifs. Mais, outre le fait que je ne catégorise jamais les sources de ces attaques, il est extraordinaire de me reprocher de me défendre lorsque je suis attaqué. Au nom de quoi devrais-je courber le dos face à de tels abus ?

Les instances communautaires officielles revendiquent une double mission : la lutte contre l'antisémitisme et la défense du gouvernement israélien. Force est de constater que la seconde prend le pas sur la première. Il est vrai qu'il y a plus à faire en ce domaine. Si l'antisémitisme n'a pas disparu, il est très résiduel par rapport aux périodes passées. Il provient non plus des institutions de l'État mais des individus. Et ceux-ci sont de moins en moins nombreux. La parole antisémite est une source d'exclusion de la vie politique et médiatique. À tel point que souvent le soupçon ou l'accusation sans preuve suffit. À l'inverse, Israël n'exerce plus la fascination des années pionnières ou du « David contre Goliath » dans la population française. L'antisémitisme est à la baisse mais le soutien à la politique israélienne également. Dès lors, les institutions vont évoquer l'antisémitisme avant tout pour défendre Israël.

La meilleure preuve est qu'elles sont très sélectives dans le choix de leurs alliés. Si elles pensaient réellement, comme elles le déclarent à longueur de tribune et/ou de colonne, que les Juifs sont en danger en France, elles n'opéreraient pas un tri entre ceux qui veulent combattre l'antisémitisme. Or force est de constater qu'elles refusent l'aide de ceux qui, parallèlement, se montrent critiques à l'égard du gouvernement israélien. Ils sont, bien au contraire, vertement combattus.

Les organisations juives qui se montrent critiques du gouvernement israélien ne sont jamais mises en avant et sont même combattues. Pourtant l'Union des Juifs français pour la paix, Une autre voix juive, Trop c'est trop, sont autant d'organisations qui luttent contre l'antisémitisme. De surcroît, puisqu'il est admis que le conflit au Proche-Orient est source d'antisémitisme sans que les instances officielles se plaignent qu'on assimile Juifs français et Israéliens, ne serait-ce pas une bonne façon de combattre l'antisémitisme que de mettre en avant ces Juifs qui offrent une autre image et qui sont autant de preuves de la diversité de la communauté juive française ?

La ligne de clivage, une fois encore, ne sépare pas Juifs et non-Juifs mais communautaristes et universalistes. Il est malheureux que, pour de multiples raisons, beaucoup de non-Juifs aient choisi de soutenir les premiers et d'ignorer, quand ce n'est pas les combattre, les seconds.

# Conclusion
# Et... basta !

J'ai été la mauvaise personne tombée au mauvais moment au mauvais endroit. Car une note qui ne faisait que résumer une situation largement admise n'aurait jamais dû déclencher des réactions si excessives. Il y eut un cumul de circonstances qui a entraîné une hystérisation du débat. Alors que l'on vivait dans l'espoir d'une paix proche ou inéluctable – depuis la signature des accords d'Oslo de 1993 – la reprise de l'Intifada armée, le retour d'Ariel Sharon au pouvoir et sa visite au mont du Temple (l'esplanade des Mosquées à Jérusalem-Est) contre les avis des forces de sécurité israéliennes, les attentats du Hamas et le retour au cycle répression/violences, la paix semblait redevenir un horizon lointain. La tendance était plutôt pour chaque camp de durcir le ton et la posture afin de négocier en position de force. Le soutien à Israël s'était largement atténué en France. Depuis longtemps, le mythe du petit pays luttant contre une masse d'Arabes avait disparu du fait de la puissance militaire d'Israël.

La guerre du Liban de 1982 et la première Intifada démarrée en 1987 avaient porté atteinte à la crédibilité morale d'Israël. Tout était reparti dans le bon sens avec la signature des accords d'Oslo. Mais ces derniers étaient foulés aux pieds. Malgré les attentats du Hamas - auxquels par ailleurs la direction palestinienne s'opposait -, le retour d'Ariel Sharon au pouvoir, opposant de toujours à ces accords, et la reprise de la répression ont fait s'étioler le soutien historique et « naturel » du public français au gouvernement israélien dans le conflit. Ce mouvement était d'autant plus significatif dans l'opinion de gauche et à la base du PS, autrefois soutien indéfectible de la cause israélienne. Pis encore, ma note avait cheminé jusqu'à Lionel Jospin qui avait émis un jugement positif à son propos. Le risque était donc de voir le PS prendre ses distances avec Israël sous l'impulsion de son leader. J'avais des fonctions extrêmement modestes mais il fallait un exemple afin de dissuader toute tentative de suivre mon chemin. La même note ou le même article écrit par quelqu'un extérieur au PS n'aurait pas représenté le même enjeu.

Un certain monopole du communautarisme était remis en cause. Jusqu'ici, seule la communauté juive était censée peser sur les élections et conduisait, au-delà de l'appréciation que chacun peut porter sur le conflit israélo-palestinien, à modérer les critiques à l'égard d'Israël, voire à manifester le plus bruyamment possible son soutien à Tel-Aviv afin de susciter en sa faveur un vote juif qui officiellement n'existe pas mais que manifestement beaucoup veulent séduire.

Si les Arabes s'organisaient également, ils pèseraient plus. Je dénonçais cette perspective quand j'étais accusé de la provoquer, car elle ne serait que le reflet de ce qui s'effectue dans la communauté juive. Le fait est que les tentatives d'organisation autonome des Arabes et/ou musulmans français ont été ardemment combattues par le lobby pro-israélien qui a mis en avant des personnalités dociles et pro-israéliennes. Ce n'est pas par hasard que ceux qui ont une vision falsifiée de la laïcité, oubliant les racines de liberté et de tolérance de la loi de 1905, très souvent de zélés défenseurs des gouvernements israéliens, soient les premiers à décrire comme communautariste toute tentative d'organisation autonome des Arabes, tout en soutenant, au nom de la lutte contre l'antisémitisme, les actions communautaires juives. Ils diabolisent les initiatives musulmanes, la plupart du temps en opérant des amalgames douteux et en proférant des accusations calomniatrices.

L'affaiblissement notoire du soutien à la cause israélienne, en France en général et au sein de la gauche, eut pour effet quasi systémique de radicaliser ses partisans. Enfin, par un hasard malencontreux du calendrier, les attentats du 11 septembre 2001 survenaient dans cette atmosphère déjà lourde, rendant le débat encore plus tendu, alors que quelques voix commençaient à s'interroger sur les causes du terrorisme. Ariel Sharon en profita assez rapidement pour l'éteindre en déclarant : « Nous avons notre Ben Laden, il s'appelle Arafat. » C'est à partir de là que la pseudo-thèse « essayer de comprendre le terrorisme c'est le légitimer » allait faire florès.

Si je me suis exprimé sur ces sujets, c'est au nom d'une certaine idée de la justice, un refus de l'injustice et de la répression, de convictions fortes sur l'égalité des êtres humains et des peuples, de la défense des libertés et du droit des peuples à disposer d'eux-mêmes, et pour rester fidèle à mes idéaux. C'est-à-dire exactement les mêmes sentiments qui m'ont conduit à être révolté par l'antisémitisme et favorable à l'existence d'un État israélien. Je suis combattu par des gens qui pensent que, pour des raisons diverses, Israël ne doit pas être considéré comme n'importe quel État et que, finalement, il bénéficie de droits qu'on refuserait à d'autres. Ou encore par des gens qui pensent que les Juifs ayant beaucoup de pouvoir, il faut aller dans leur sens. Ces derniers tiennent un raisonnement antisémite qui ne débouche pas sur une hostilité ou une haine proclamée à l'égard des Juifs (quoique certains emploient des mots très durs en privé) mais sur un alignement sur ce qui semble être la volonté de la communauté juive.

On me demande parfois si – sachant ce qui allait advenir – je rédigerais la même note. Je n'y changerais pas une ligne et si j'ai un regret, c'est plutôt que mes mauvais pressentiments se soient réalisés. Pas de les avoir énoncés. Bien sûr, je me serais bien épargné tous les désagréments suscités par cette affaire. Je serais plus central dans le champ public et mes livres mieux recensés et plus largement diffusés. L'IRIS serait bien plus important et ma famille aurait été épargnée. L'IRIS n'a pas disparu et a même continué à se développer, grâce au talent et à l'énergie de son équipe. Mais sa croissance aurait été bien plus grande encore. Le point positif est que cela nous a conduits à innover, à déployer davantage d'énergie. L'IRIS a gagné en crédibilité, comme un centre de recherche où la parole est libre et résiste aux pressions des groupes d'intérêt. Je peux continuer à publier des livres mais de nombreux éditeurs m'ont fermé leur porte. Je n'ai pas non plus disparu des médias. Mais les chroniques hebdomadaires dont je bénéficiais avant cette polémique, dans *Nice-Matin* et *La Voix du Nord*, ont cessé à la demande des CRIF régionaux. Et il y a de nombreux médias, y compris *mainstream*, où je suis blacklisté du fait de mes positions. Régulièrement, des conférences auxquelles je participe sont déprogrammées à la demande de ceux qui me diabolisent. Et beaucoup de personnes préfèrent, dans le doute, ne prendre aucun risque.

J'ai fait ce métier par esprit de liberté. Les risques que j'ai pris sont minimes comparés à ceux que d'autres ont pu prendre à des périodes plus difficiles. Ce « courage » qu'on me reconnaît suscite régulièrement un mouvement spontané de sympathie. De nombreuses personnes sont reconnaissantes de mes prises de position et me remercient de braver les vents dominants. Elles louent mon intégrité, admettant qu'elle est la cause des attaques que je subis, et témoignent de la gratitude à mon égard. Les nombreux témoignages en ce sens sont autant de réconforts et nombreuses sont les personnes qui viennent me féliciter d'avoir tenu bon. Je n'ai ni cédé aux sirènes de l'antisémitisme ni à celles de l'esprit courtisan. Ils savent que si je ne dis pas tout ce que je pense, je pense tout ce que je dis et que je ne fais pas dépendre mes analyses de rapports de force ou d'éventuelles « récompenses ». En ce sens, j'ai su rester fidèle à l'adolescent du lycée Saint-Exupéry.

Outre l'amour familial qui nous unit, ma femme et mes trois fils apprécient également la dignité dont ils considèrent que j'ai fait preuve dans ces moments difficiles. Leur regard vaut bien tous les désagréments.

# Postface
# Lettre d'une amie juive
## par Fanny Weisselberger

Cher Pascal,

En 2001, peu avant l'entrée dans le monde actuel, vous commettiez un article qui allait, malheureusement peut-on dire a posteriori, rester dans les mémoires[72]. Et pas les mieux intentionnées. Seize ans après, les positions n'ont guère évolué et la situation semble figée. Persona non grata pour une partie des Juifs français, mais aussi pour celles et ceux guidé(e)s par une « passion juive », l'épée de Damoclès n'attend plus que de vous transpercer. Si les taches à la réputation ne sont souvent qu'éphémères, il en est une qui semble ineffaçable. Comment ne pas se débattre avec le vieux démon de l'antisémitisme ?

72. Pascal Boniface, « Lettre à un ami israélien », *Le Monde,* 3 août 2001.

Il m'a fallu m'interroger sur les causes d'une telle accusation. Ne pas y croire une seconde n'empêche en rien la réflexion. Victime d'un délit de faciès ? Victime de vos emportements ? Victime de certains de vos « soutiens » ? Rien de tout cela, en réalité. Victime de ceux dont l'étroitesse de vue semble aveugler la pensée. Se considérant agressés par vos opinions, la riposte leur apparaît proportionnée. Que vous parliez de sujets géopolitiques, footballistiques ou même de votre passion pour Léo Ferré, ceux-là entendent Israël, Palestine, Juifs, Arabes, ou même Shoah. Quand le point Godwin précède l'échange, les mots laissent place aux maux.

« Je voudrais écrire mon histoire pour éviter que d'autres l'écrivent à ma place », m'avez-vous confié. Si vous vous couchez, c'est uniquement sur le papier. Mais cela me semble aller plus loin. Vous êtes effaré à l'idée de subir encore les conséquences de ce que vous ressentez comme une terrible injustice. En privé d'abord. Car vous, l'homme de contact, on vous siffle un hors-jeu avant même le début du match. Pourtant, ceux qui vous connaissent savent que rien ne vous réjouit plus qu'un débat contradictoire où les idées entrent en confrontation. Certainement par amour de la démocratie, mais surtout par esprit de compétition. Or, comment débattre avec quelqu'un qui aurait quitté le monde rationnel pour rejoindre le club des extrémistes antisémites ? En public, ensuite. Car vous avez un bébé d'une trentaine d'années et d'autant de salarié(e)s : l'Institut de relations internationales et stratégiques (IRIS). Il a fallu apprendre à vivre avec la peur de le voir disparaître du jour au lendemain, face à ceux qui *accusent*.

Si je vous ai trouvé parfois emporté, souvent acharné, je ne vous considère en rien comme extrême. Vous n'auriez jamais basculé de l'autre côté, tout simplement parce que celui-ci se trouve hors de votre portée. Cette conviction, que j'ai construite en travaillant directement à vos côtés, ne s'est jamais heurtée au doute, fût-il le plus infime. Autrement, je n'aurais pu continuer un jour de plus. Alors, je vous rétablis ici ma (la ?) réalité. Celle que je constate quand je discute avec vous, ceux qui sont *avec* vous, ceux qui sont *contre* vous, ceux qui se permettent de me donner leur opinion biaisée quand ils ne m'expliquent tout simplement pas qu'il me faut me méfier de vous. Ce qui provoque ma méfiance, ce sont les propos excessifs, les on-dit et les procès d'intention, ce sont les traitements différenciés, les agissements contraires aux principes et le manque d'objectivité.

Finalement, cet ouvrage semble presque arrivé (trop) tard. Nous avons dépassé le stade de l'explication, la justification et la compréhension. Nous en sommes désormais à la *dédiabolisation*.

# Annexe 1
# Le Proche-Orient, les socialistes, l'équité internationale, l'efficacité électorale

## Note de Pascal boniface

Imaginons : à la suite d'un conflit, un pays occupe des territoires en violation des lois internationales. Trente-quatre ans après, cette occupation se poursuit malgré les condamnations de la communauté internationale. La population vivant dans ces territoires occupés se voit imposer des contraintes exorbitantes, des lois d'exception, et nier le droit à l'autodétermination. Destruction des maisons, confiscation des terres, emprisonnement sans jugement, humiliations quotidiennes, et jusqu'à récemment torture légalisée sous l'appellation « pressions physiques modérées », sont des pratiques courantes. Cette population se révolte, demande la création d'un État indépendant sur les territoires occupés, ce qui ne serait que l'application de la Charte des Nations unies. S'engage alors un cycle de violences et de répression où les forces de l'ordre de la puissance occupante tirent et tuent régulièrement des manifestants, et où des attentats font des victimes dans les populations de l'État occupant.

Dans n'importe quelle situation de ce type, un humaniste, et plus encore un homme de gauche condamnerait la puissance occupante.

Imaginons un pays où le Premier ministre a été directement lié à des massacres de civils, principalement femmes et enfants dans des camps de réfugiés désarmés. Un pays où le leader du troisième parti au pouvoir traite les membres d'une des principales communautés nationales du pays de « serpents et même pire de vipères » et propose de « les anéantir ces méchants, ces bandits », de leur tirer dessus avec des supermissiles. Un pays où des extrémistes armés peuvent organiser en toute impunité des pogroms contre des civils désarmés.

Ce serait une situation inacceptable. Elle est pourtant acceptée au Proche-Orient. Comment expliquer que l'on puisse admettre, non pas une entorse, mais la mise au pilori systématique des principes élémentaires du respect de l'autre dans ce cas particulier ?

Trois éléments sont incontestables :

1° Le peuple juif a subi le plus horrible des traitements avec la Shoah. Alors que le mot est de plus en plus galvaudé, il est le seul à avoir subi un véritable génocide, avec l'intention de l'exterminer totalement en tant que peuple. Face à ce traumatisme, (aboutissement de comportements antisémites répandus), où le peuple juif a été bien seul, Israël représente le sanctuaire, la certitude que le pire ne recommencera jamais.

2° L'État d'Israël démocratique (même si la population arabe n'y a pas les mêmes droits que la population juive) est entouré de régimes autoritaires, voire dictatoriaux, et a dû lutter pour faire admettre son existence par ses voisins.

3° La défense d'Israël dans ces circonstances a prévalu sur tout, y compris par la suite sur les principes qui avaient animé ses créateurs.

Ces éléments incontestables, ne sauraient justifier que la souffrance du peuple juif lui ait donné le droit d'opprimer à son tour. Pour que la Shoah ne se reproduise plus, doit-on admettre la violation des droits d'un autre peuple ?

Par référence à ce traumatisme, tous ceux qui s'opposent à la politique du gouvernement d'Israël sont soupçonnés de ne pas condamner la Shoah ou d'être en fait antisémites.

Mais, même si rien n'est venu égaler en horreur cette dernière, ce raisonnement s'avère désormais inadéquat et même inacceptable.

Il est vrai qu'il y a des antisémites parmi les propalestiniens. Mais ils sont minoritaires, et ne peuvent permettre de dire que ceux qui réclament l'application des principes universels au Proche-Orient le font par haine du peuple juif.

– Aujourd'hui, les principales victimes sont les Palestiniens. Il faut être insensible aux réalités pour ne pas l'admettre. Cela ne veut certainement pas dire qu'ils n'ont aucun tort, que la corruption n'y existe pas, qu'une occasion historique n'a pas été perdue par Arafat à Camp David, qu'il n'y a pas d'attentats aveugles, etc. Il n'en reste pas moins qu'on ne peut pas mettre sur le même plan l'occupant et l'occupé.

En tous les cas, c'est ainsi que le ressent en France la majeure partie de la population, et surtout les jeunes. Je suis à cet égard frappé par l'évolution des jeunes notamment les étudiants, très partagés sur le sujet du Proche-Orient il y a vingt ans, massivement propalestiniens aujourd'hui.

– Le lien entre la lutte contre l'antisémitisme et la défense à tout prix d'Israël tourne court, et peut même s'avérer contre-productif. On ne luttera pas contre l'antisémitisme en légitimant l'actuelle répression des Palestiniens par Israël. On peut au contraire et malheureusement le développer en agissant ainsi.

Le terrorisme intellectuel consistant à accuser d'antisémitisme ceux qui n'acceptent pas la politique des gouvernements d'Israël, (et non pas l'État d'Israël) payant à court terme, peut s'avérer catastrophique à moyen terme. Il ne vient pas diminuer l'opposition au gouvernement israélien, mais vient soit en modifier l'expression qui devient éventuellement plus diffuse, plus sournoise, soit la renforcer et développer une irritation à l'égard de la communauté juive. Il isole celle-ci sur le plan national.

Heureusement que quelques-uns de ses représentants comme Rony Brauman ou Pierre Vidal-Naquet se sont publiquement désolidarisés de la répression israélienne, interdisant des amalgames redoutables.

Créer un lien entre la lutte contre l'antisémitisme et le soutien ou la non-condamnation de Sharon ne peut guère servir la première cause, loin de là.

Il y a des cas – nous en avons connu de semblables en France – où la politique d'un gouvernement dessert la nation au service de laquelle elle est censée être menée. Ce n'est pas rendre service à cette nation que de ne pas se démarquer dans ce cas du gouvernement en question.

À miser sur son poids électoral pour permettre l'impunité du gouvernement israélien, la communauté juive est perdante là aussi à moyen terme. La communauté d'origine arabe et/ou musulmane s'organise, elle aussi, elle voudra faire contrepoids et, du moins en France, pèsera vite plus lourd si ce n'est déjà le cas.

Il serait donc préférable pour chacun de faire respecter des principes universels et non pas le poids de chaque communauté.

À vouloir maintenir une balance égale entre force de l'ordre israélienne et manifestants palestiniens, mettre en parallèle les attentats des désespérés, qui sont prêts au suicide parce qu'ils n'ont pas d'autres horizons, et la politique planifiée de répression mise en œuvre par le gouvernement israélien, le PS et le gouvernement sont considérés par une partie de plus en plus importante de l'opinion comme « injustes ». Pourquoi ce qui vaut pour les Kosovars ne vaut pas pour les Palestiniens ? Peut-on *diaboliser* Haider et traiter normalement Sharon, qui ne s'est pas, lui, contenté de dérapages verbaux mais est passé aux actes ? Ce sont des remarques qu'on entend de plus en plus souvent. Je suis frappé par le nombre de jeunes beurs, de Français musulmans de tout âge, qui se disent de gauche mais qui, par référence à la situation au Proche-Orient, affirment ne pas vouloir voter Jospin à l'élection présidentielle.

Une attitude jugée déséquilibrée au Proche-Orient – et bien sûr pensent-ils une fois de plus en défaveur des Arabes – vient confirmer que la communauté arabo-musulmane n'est pas prise en compte ou est même rejetée par la famille socialiste. La situation au Proche-Orient et la timidité des socialistes de condamner la répression israélienne confortent un repli identitaire des musulmans en France dont personne – juifs, musulmans, chrétiens ou païens – ne peut se réjouir.

Il vaut certes mieux perdre une élection que son âme. Mais en mettant sur le même plan le gouvernement d'Israël et les Palestiniens on risque tout simplement de perdre les deux. Le soutien à Sharon mérite-t-il que l'on perde 2002 ?

Il est grand temps que le PS quitte une position qui, se voulant équilibrée entre le gouvernement israélien et les

Palestiniens, devient du fait de la réalité de la situation sur place de plus en plus anormale, et qui est de plus en plus perçue comme telle, et qui par ailleurs ne sert pas - mais au contraire dessert - les intérêts à moyen/long terme du peuple israélien, et de la communauté juive française.

# Annexe 2

RÉPUBLIQUE FRANÇAISE

MINISTÈRE DE L'INTÉRIEUR ,

DE LA SÉCURITE INTÉRIEURE ET DES LIBERTÉS LOCALES

*LE MINISTRE*

*CAB.INT/BDC/n°4541/CJ*

*Paris, le* 1 DEC. 2002

Monsieur le Directeur,

La campagne suscitée par l'interview que vous avez accordée au journal suisse *Le Temps* est parvenue jusqu'à moi.

À tous mes interlocuteurs, j'ai répondu qu'il ne m'appartenait pas de prendre position quant aux propos tenus par un intellectuel dans l'exercice de ses fonctions.

J'ai néanmoins pris connaissance avec attention de l'eclairage que vous avez bien voulu m'apporter et vous prie de croire, Monsieur le Directeur, en l'assurance de mes sentiments les meilleurs.

Nicolas SARKOZY

Monsieur Pascal BONIFACE

Directeur de l'institut de relations internationales et stratégiques, 2 bis, rue Mercœur

75011 PARIS

ADRESSE POSTALE : PLACE BEAUVAU 75800 PARIS CEDEX 08 - STANDARD 01 49 27 49 27 · 01 40 07 60 60

ADRESSE INTERNET : www.interieur.gouv.fr

# ANNEXE 3

**Parti Socialiste**

**Secrétariat National**
Aux relations internationales

*10, rue de Solférino*
*75333 Paris Cedex 07*
*Tél. : 01 45 56 77 00*
*Fax : 01 47 05 15 78*
*www.parti-socialiste.fr*

Paris, le 8 septembre 2003

*Nos Réf. PM/ncm N°03.015*

Monsieur Ménotti BOTTAZZI
55 rue du vieil Armand
68540 BOLLWILLER

Cher Camarade,

Je réponds à ta lettre du 27 août, dont j'apprécie la sincérité. Elle mériterait, bien sûr, de plus amples développements, mais je me contenterai de deux remarques :

1. **Non, Pascal BONIFACE n'a pas été « débarqué », ni « licencié » de ses responsabilités pour délit d'opinion.** Je connais Pascal depuis longtemps, nous avons beaucoup travaillé ensemble professionnellement, je reconnais sa compétence et son talent, et je souhaite qu'il continue à être utile à nos idées. Si je ne partage pas tout à fait ton jugement sur son livre – qui comporte à la fois, selon moi, des analyses justes et d'autres plus contestables – je défends absolument son droit à défendre ses opinions. Celles-ci ont, par leur force, provoqué un débat, suscité des polémiques. La direction du Parti socialiste a estimé, après le Congrès de Dijon, qu'il était mieux, pour notre parti comme pour Pascal BONIFACE que la responsabilité qu'il occupait ne pâtisse pas de cette confrontation et de ses excès, et qu'il s'en retire pour un temps, d'autant qu'il ne l'occupait plus guère depuis la fameuse « note » de 2001.
Je m'en suis expliqué avec lui, longuement et amicalement. D'autres prises de positions ont entraîné un retrait plus marqué de sa part ; je le regrette, et ferai tout pour qu'il ne soit que provisoire.

2. **S'agissant du fond, je partage beaucoup de tes constats.** Face au drame du Proche-Orient, les Socialistes ne doivent servir qu'une seule cause, celle de la paix entre des Israéliens – je te cite – « vivant dans des frontières sûres et reconnues» et des Palestiniens ayant un « État viable ». Cette position d'équilibre est exigeante, elle suppose de mettre chacun devant ses responsabilités. Ainsi le Parti socialiste condamne-t-il les attentats terroristes aussi bien que les ripostes ciblées, et regrette-t-il l'édification du « mur de séparation ». Défendre ces exigences est et sera notre ligne de conduite (je t'adresse, pour en témoigner, le texte publié sous ma signature concernant la « feuille de route », malheureusement en grande difficulté). Crois que j'y veillerai.

Je crois en revanche inexact, et même complètement faux, de prétendre que la position du Parti socialiste serait unilatéralement « pro-israélienne » - pas davantage qu'elle n'est « pro-palestinienne », et qu'il serait interdit d'y « critiquer Israël » ! Les soupçons de communautarisme ou de complaisance sont, nous concernant, totalement déplacés. La critique de chacun des acteurs est pour nous, non seulement un droit, mais un devoir. Exerçons-la à l'égard de tous les protagonistes de cette terrible affaire.

Je te prie de croire, Cher Camarade, en mes sentiments les meilleurs.

Amitiés,

Pierre Moscovici

Pierre MOSCOVICI
Secrétaire National
Aux Relations Internationales

# ANNEXE 4

›Manuel Valls

Maire d'Evry - Député de l'Essonne

Cher Pascal,

Merci pour ton mot suite à mon papier dans le Monde. Je suis de tout cœur avec toi à propos de tes analyses sur le Proche-Orient. Amitiés

MV

adresse:
Mairie - place des droits de l'homme et du citoyen
91011 Evry cedex

tél:
01 60 91 60 92

fax:
01 60 77 17 95

mel:
maire@mairie-evry.fr

# Table des matières

## DU MÊME AUTEUR

### chez Max Milo

Je t'aimais bien, tu sais. Le monde et la France : le désamour ?, 2017.

Les pompiers pyromanes, 2015.

### chez d'autres éditeurs

La géopolitique [5e éd.], Eyrolles, 2018.

50 idées reçues sur l'état du monde [8e éd.], Armand Colin, 2018.

Comprendre le monde [4e éd.], Armand Colin, 2017.

Les relations internationales de 1945 à nos jours, Eyrolles, 2017.

Géopolitique du sport, Armand Colin, 2016.

Léo Ferré, toujours vivant, La Découverte, 2016.

Atlas du monde global (coécrit avec Hubert Védrine) [3e éd.], Armand Colin, 2015.

Atlas des crises et des conflits (coécrit avec Hubert Védrine) [3e éd.], Armand Colin, 2016.

Composition :
L'atelier des glyphes

www.ingramcontent.com/pod-product-compliance
Lightning Source LLC
La Vergne TN
LVHW051155060726
842526LV00014B/3213

* 9 7 8 2 3 1 5 0 0 8 2 4 7 *